# DINAMARQUÊS
## V O C A B U L Á R I O

**PORTUGUÊS BRASILEIRO**

# PORTUGUÊS DINAMARQUÊS

Para alargar o seu léxico e apurar
as suas competências linguísticas

## 3000 palavras

# Vocabulário Português Brasileiro-Dinamarquês - 3000 palavras

Por Andrey Taranov

Os vocabulários da T&P Books destinam-se a ajudar a aprender, a memorizar, e a rever palavras estrangeiras. O dicionário é dividido em temas, cobrindo todas as principais esferas de atividades quotidianas, negócios, ciência, cultura, etc.

O processo de aprendizagem, utilizando os dicionários baseados em temáticas da T&P Books dá-lhe as seguintes vantagens:

*   Informação de origem corretamente agrupada predetermina o sucesso em fases subsequentes da memorização de palavras
*   Disponibilização de palavras derivadas da mesma raiz, o que permite a memorização de unidades de texto (em vez de palavras separadas)
*   Pequenas unidades de palavras facilitam o processo de estabelecimento de vínculos associativos necessários para a consolidação do vocabulário
*   O nível de conhecimento da língua pode ser estimado pelo número de palavras aprendidas

T&P Books Publishing
www.tpbooks.com

ISBN: 978-1-78767-416-5

Este livro também está disponível em formato E-book.
Por favor visite www.tpbooks.com ou as principais livrarias on-line.

# VOCABULÁRIO DINAMARQUÊS
## palavras mais úteis

Os vocabulários da T&P Books destinam-se a ajudar a aprender, a memorizar, e a rever palavras estrangeiras. O vocabulário contém mais de 3000 palavras de uso comum organizadas tematicamente.

O vocabulário contém as palavras mais comummente usadas
Recomendado como adicional para qualquer curso de línguas
Satisfaz as necessidades dos iniciados e dos alunos avançados de línguas estrangeiras
Conveniente para o uso diário, sessões de revisão e atividades de auto-teste
Permite avaliar o seu vocabulário

## Características especias do vocabulário

*   As palavras estão organizadas de acordo com o seu significado, e não por ordem alfabética
*   As palavras são apresentadas em três colunas para facilitar os processos de revisão e auto-teste
*   As palavras compostas são divididas em pequenos blocos para facilitar o processo de aprendizagem
*   O vocabulário oferece uma transcrição simples e adequada de cada palavra estrangeira

## O vocabulário contém 101 tópicos incluindo:

Conceitos básicos, Números, Cores, Meses, Estações do ano, Unidades de medida, Roupas & Acessórios, Alimentos & Nutrição, Restaurante, Membros da Família, Parentes, Caráter, Sentimentos, Emoções, Doenças, Cidade, Passeios, Compras, Dinheiro, Casa, Lar, Escritório, Trabalho no Escritório, Importação & Exportação, Marketing, Pesquisa de Emprego, Esportes, Educação, Computador, Internet, Ferramentas, Natureza, Países, Nacionalidades e muito mais ...

# TABELA DE CONTEÚDOS

# GUIA DE PRONUNCIAÇÃO

| Letra | Exemplo Dinamarquês | Alfabeto fonético T&P | Exemplo Português |
|---|---|---|---|
| Aa | Afrika, kompas | [æ], [ɑ], [ɑː] | semana |
| Bb | barberblad | [b] | barril |
| Cc | cafe, creme | [k] | aquilo |
| Cc [1] | koncert | [s] | sanita |
| Dd | direktør | [d] | dentista |
| Dd [2] | facade | [ð] | [z] - fricativa dental sonora não-sibilante |
| Ee | belgier | [e], [ə] | mover |
| Ee [3] | elevator | [ɛ] | mesquita |
| Ff | familie | [f] | safári |
| Gg | mango | [g] | gosto |
| Hh | høne, knurhår | [h] | [h] aspirada |
| Ii | kolibri | [i], [iː] | sinônimo |
| Jj | legetøj | [j] | Vietnã |
| Kk | leksikon | [k] | aquilo |
| Ll | leopard | [l] | libra |
| Mm | marmor | [m] | magnólia |
| Nn | natur, navn | [n] | natureza |
| ng | omfang | [ŋ] | alcançar |
| nk | punktum | [ŋ] | alcançar |
| Oo | fortov | [o], [ɔ] | noite |
| Pp | planteolie | [p] | presente |
| Qq | sequoia | [k] | aquilo |
| Rr | seriøs | [ʁ] | [r] vibrante |
| Ss | selskab | [s] | sanita |
| Tt | strøm, trappe | [t] | tulipa |
| Uu | blæksprutte | [uː] | blusa |
| Vv | børnehave | [ʊ] | fava |
| Ww | whisky | [w] | página web |
| Xx | Luxembourg | [ks] | perplexo |
| Yy | lykke | [y], [ø] | trabalho |
| Zz | Venezuela | [s] | sanita |
| Ææ | ærter | [ɛ], [ɛː] | mover |
| Øø | grønsager | [ø], [œ] | milhões |
| Åå | åbent, afgå | [ɔ], [oː] | fava |

# Comentários

[1]   antes de e, i
[2]   depois de uma vogal acentuada
[3]   no início de palavras

# ABREVIATURAS
## usadas no vocabulário

## Abreviaturas do Português

| | | |
|---|---|---|
| adj | - | adjetivo |
| adv | - | advérbio |
| anim. | - | animado |
| conj. | - | conjunção |
| desp. | - | esporte |
| etc. | - | Etcetera |
| ex. | - | por exemplo |
| f | - | nome feminino |
| f pl | - | feminino plural |
| fem. | - | feminino |
| inanim. | - | inanimado |
| m | - | nome masculino |
| m pl | - | masculino plural |
| m, f | - | masculino, feminino |
| masc. | - | masculino |
| mat. | - | matemática |
| mil. | - | militar |
| pl | - | plural |
| prep. | - | preposição |
| pron. | - | pronome |
| sb. | - | sobre |
| sing. | - | singular |
| v aux | - | verbo auxiliar |
| vi | - | verbo intransitivo |
| vi, vt | - | verbo intransitivo, transitivo |
| vr | - | verbo reflexivo |
| vt | - | verbo transitivo |

## Abreviaturas do Dinamarquês

| | | |
|---|---|---|
| f | - | gênero comum |
| f pl | - | gênero comum plural |
| i | - | neutro |
| i pl | - | neutro plural |
| i, f | - | neutro, gênero comum |
| ngn. | - | alguém |
| pl | - | plural |

# CONCEITOS BÁSICOS

## 1. Pronomes

| | | |
|---|---|---|
| eu | jeg | ['jɑj] |
| você | du | [du] |
| ele | han | ['han] |
| ela | hun | ['hun] |
| ele, ela (neutro) | den, det | ['dən], [de] |
| nós | vi | ['vi] |
| vocês | I | [i] |
| eles, elas | de | ['di] |

## 2. Cumprimentos. Saudações

| | | |
|---|---|---|
| Oi! | Hej! | ['hɑj] |
| Olá! | Hallo! Goddag! | [ha'lo], [go'dæˀ] |
| Bom dia! | Godmorgen! | [go'mɒːɒn] |
| Boa tarde! | Goddag! | [go'dæˀ] |
| Boa noite! | Godaften! | [go'aftən] |
| cumprimentar (vt) | at hilse | [ʌ 'hilsə] |
| Oi! | Hej! | ['hɑj] |
| saudação (f) | hilsen (f) | ['hilsən] |
| saudar (vt) | at hilse | [ʌ 'hilsə] |
| Como você está? | Hvordan har De det? | [vɒ'dan ha di de] |
| Como vai? | Hvordan går det? | [vɒ'dan gɒː de] |
| E aí, novidades? | Hvad nyt? | ['vað 'nyt] |
| Tchau! | Farvel! | [fa'vɛl] |
| Até logo! | Hej hej! | ['hɑj 'hɑj] |
| Até breve! | Hej så længe! | ['hɑj sʌ 'lɛŋə] |
| Adeus! | Farvel! | [fa'vɛl] |
| despedir-se (dizer adeus) | at sige farvel | [ʌ 'siː fa'vɛl] |
| Até mais! | Hej hej! | ['hɑj 'hɑj] |
| Obrigado! -a! | Tak! | ['tak] |
| Muito obrigado! -a! | Mange tak! | ['maŋə 'tak] |
| De nada | Velbekomme | ['vɛlbe'kʌmˀə] |
| Não tem de quê | Det var så lidt! | [de vaˀ sʌ let] |
| Não foi nada! | Det var så lidt! | [de vaˀ sʌ let] |
| Desculpa! | Undskyld, ... | ['ɒnˌskylˀ, ...] |
| Desculpe! | Undskyld mig, ... | ['ɒnˌskylˀ mɑj, ...] |
| desculpar (vt) | at undskylde | [ʌ 'ɒnˌskylˀə] |
| desculpar-se (vr) | at undskylde sig | [ʌ 'ɒnˌskylˀə sɑj] |

| Me desculpe | Om forladelse | [ʌm fʌ'læ'ðəlsə] |
| Desculpe! | Undskyld mig! | ['ɔnˌskyl' mɑj] |
| perdoar (vt) | at tilgive | [ʌ 'telˌgi'] |
| Não faz mal | Det gør ikke noget | [de 'gœɐ̯ 'ekə 'nɔːəð] |
| por favor | værsgo | ['væɐ̯'sgo'] |

| Não se esqueça! | Husk! | ['husk] |
| Com certeza! | Selvfølgelig! | [sɛl'føljəli] |
| Claro que não! | Naturligvis ikke! | [na'tuɐ̯'li'vi's 'ekə] |
| Está bem! De acordo! | OK! Jeg er enig! | [ɔw'kɛj], ['jɑj 'æɐ̯ 'eːni] |
| Chega! | Så er det nok! | ['sʌ æɐ̯ de 'nʌk] |

# 3. Questões

| Quem? | Hvem? | ['vɛm'] |
| O que? | Hvad? | ['vað] |
| Onde? | Hvor? | ['vɒ'] |
| Para onde? | Hvorhen? | ['vɒ'ˌhɛn] |
| De onde? | Hvorfra? | ['vɒ'ˌfʁɑ'] |
| Quando? | Hvornår? | [vɒ'nɒ'] |
| Para quê? | Hvorfor? | ['vɔfʌ] |
| Por quê? | Hvorfor? | ['vɔfʌ] |

| Para quê? | For hvad? | [fʌ 'vað] |
| Como? | Hvordan? | [vɒ'dan] |
| Qual (~ é o problema?) | Hvilken? | ['velkən] |
| Qual (~ deles?) | Hvilken? | ['velkən] |

| A quem? | Til hvem? | [tel 'vɛm'] |
| De quem? | Om hvem? | [ʌm 'vɛm'] |
| Do quê? | Om hvad? | [ʌm 'vað] |
| Com quem? | Med hvem? | [mɛ 'vɛm'] |
| Quantos? -as? | Hvor mange? | [vɒ' 'mɑŋə] |
| Quanto? | Hvor meget? | [vɒ' 'mɑɑð] |
| De quem? (masc.) | Hvis? | ['ves] |

# 4. Preposições

| com (prep.) | med | [mɛ] |
| sem (prep.) | uden | ['uðən] |
| a, para (exprime lugar) | til | ['tel] |
| sobre (ex. falar ~) | om | [ʌm] |
| antes de ... | før | ['fø'ɐ̯] |
| em frente de ... | foran ... | ['fɒː'an' ...] |

| debaixo de ... | under | ['ɔnʌ] |
| sobre (em cima de) | over | ['ɒwʌ] |
| em ..., sobre ... | på | [pɔ] |
| de, do (sou ~ Rio de Janeiro) | fra | ['fʁɑ'] |
| de (feito ~ pedra) | af | [a] |
| em (~ 3 dias) | om | [ʌm] |
| por cima de ... | over | ['ɒwʌ] |

## 5. Palavras funcionais. Advérbios. Parte 1

| Onde? | Hvor? | ['vɒˀ] |
|---|---|---|
| aqui | her | ['hɛˀɐ̯] |
| lá, ali | der | ['dɛˀɐ̯] |
| | | |
| em algum lugar | et sted | [et 'stɛð] |
| em lugar nenhum | ingen steder | ['eŋən ˌstɛːðʌ] |
| | | |
| perto de … | ved | [ve] |
| perto da janela | ved vinduet | [ve 'venduəð] |
| | | |
| Para onde? | Hvorhen? | ['vɒˀˌhɛn] |
| aqui | herhen | ['hɛˀɐ̯ˌhɛn] |
| para lá | derhen | ['dɛˀɐ̯ˌhɛn] |
| daqui | herfra | ['hɛˀɐ̯ˌfʁɑˀ] |
| de lá, dali | derfra | ['dɛˀɐ̯ˌfʁɑˀ] |
| | | |
| perto | nær | ['nɛˀɐ̯] |
| longe | langt | ['lɑŋˀt] |
| | | |
| perto de … | nær | ['nɛˀɐ̯] |
| à mão, perto | i nærheden | [i 'nɛɐ̯ˌheðˀən] |
| não fica longe | ikke langt | ['ekə 'lɑŋˀt] |
| | | |
| esquerdo (adj) | venstre | ['vɛnstʁʌ] |
| à esquerda | til venstre | [te 'vɛnstʁʌ] |
| para a esquerda | til venstre | [te 'vɛnstʁʌ] |
| | | |
| direito (adj) | højre | ['hʌjʁʌ] |
| à direita | til højre | [te 'hʌjʁʌ] |
| para a direita | til højre | [te 'hʌjʁʌ] |
| | | |
| em frente | foran | ['fɒːˈanˀ] |
| da frente | for-, ante- | [fʌ-], [antə'-] |
| adiante (para a frente) | fremad | ['fʁamˀˌað] |
| | | |
| atrás de … | bagved | ['bæˀjˌve] |
| de trás | bagpå | ['bæˀjˌpɔˀ] |
| para trás | tilbage | [te'bæːjə] |
| | | |
| meio (m), metade (f) | midte (f) | ['metə] |
| no meio | i midten | [i 'metən] |
| | | |
| do lado | fra siden | [fʁɑ 'siðən] |
| em todo lugar | overalt | [ɒwʌ'alˀt] |
| por todos os lados | rundtomkring | ['ʁɔnˀdʌmˌkʁɛŋˀ] |
| | | |
| de dentro | indefra | ['enəˌfʁɑˀ] |
| para algum lugar | et sted | [et 'stɛð] |
| diretamente | ligeud | ['liːə'uðˀ] |
| de volta | tilbage | [te'bæːjə] |
| | | |
| de algum lugar | et eller andet sted fra | [ed 'ɛlʌ 'anəð stɛð fʁɑˀ] |
| de algum lugar | fra et sted | [fʁɑ ed 'stɛð] |

| em primeiro lugar | for det første | [fʌ de 'fœɐ̯stə] |
| em segundo lugar | for det andet | [fʌ de 'anəð] |
| em terceiro lugar | for det tredje | [fʌ de 'tʁɛðjə] |

| de repente | pludseligt | ['plusəlit] |
| no início | i begyndelsen | [i be'gøn'əlsən] |
| pela primeira vez | for første gang | [fʌ 'fœɐ̯stə gɑŋ'] |
| muito antes de ... | længe før ... | ['lɛŋə fø'ɐ̯ ...] |
| de novo | på ny | [pɔ 'ny'] |
| para sempre | for evigt | [fʌ 'eːvi̊ð] |

| nunca | aldrig | ['ɑldʁi] |
| de novo | igen | [i'gɛn] |
| agora | nu | ['nu] |
| frequentemente | ofte | ['ʌftə] |
| então | da, dengang | ['da], ['dɛn',gɑŋ'] |
| urgentemente | omgående | ['ʌm,gɔ'ənə] |
| normalmente | vanligvis | ['væːnli,vi''s] |

| a propósito, ... | for resten ... | [fʌ 'ʁastən ...] |
| é possível | muligt, muligvis | ['muːlit], ['muːli,vi's] |
| provavelmente | sandsynligvis | [san'sy'nli,vi's] |
| talvez | måske | [mɔ'ske'] |
| além disso, ... | desuden, ... | [des'uːðən, ...] |
| por isso ... | derfor ... | ['dɛ'ɐ̯fʌ ...] |
| apesar de ... | på trods af ... | [pɔ 'tʁʌs æ' ...] |
| graças a ... | takket være ... | ['tɑkəð ˌvɛ'ʌ ...] |

| que (pron.) | hvad | ['vað] |
| que (conj.) | at | [at] |
| algo | noget | ['nɔːəð] |
| alguma coisa | noget | ['nɔːəð] |
| nada | ingenting | ['eŋən'teŋ'] |

| quem | hvem | ['vɛm'] |
| alguém (~ que ...) | nogen | ['noən] |
| alguém (com ~) | nogen | ['noən] |

| ninguém | ingen | ['eŋən] |
| para lugar nenhum | ingen steder | ['eŋən ˌstɛːðʌ] |
| de ninguém | ingens | ['eŋəns] |
| de alguém | nogens | ['noəns] |

| tão | så | ['sʌ] |
| também (gostaria ~ de ...) | også | ['ʌsə] |
| também (~ eu) | også | ['ʌsə] |

## 6. Palavras funcionais. Advérbios. Parte 2

| Por quê? | Hvorfor? | ['vɔfʌ] |
| por alguma razão | af en eller anden grund | [a en 'ɛlʌ 'anən 'gʁon'] |
| porque ... | fordi ... | [fʌ'di' ...] |
| por qualquer razão | af en eller anden grund | [a en 'ɛlʌ 'anən 'gʁon'] |
| e (tu ~ eu) | og | [ʌ] |

| | | |
|---|---|---|
| ou (ser ~ não ser) | eller | [ɛlʌ] |
| mas (porém) | men | ['mɛn] |
| para (~ a minha mãe) | for, til | [fʌ], [tel] |
| muito, demais | for, alt for | [fʌ], ['al'ᵗ fʌ] |
| só, somente | bare, kun | ['bɑːɑ], ['kɔn] |
| exatamente | præcis | [pʁɛ'siˀs] |
| cerca de (~ 10 kg) | cirka | ['siɐ̯ka] |
| aproximadamente | omtrent | [ʌm'tʁanˀt] |
| aproximado (adj) | omtrentlig | [ʌm'tʁanˀtli] |
| quase | næsten | ['nɛstən] |
| resto (m) | rest (f) | ['ʁast] |
| o outro (segundo) | den anden | [dən 'anən] |
| outro (adj) | andre | ['ɑndʁʌ] |
| cada (adj) | hver | ['vɛˀɐ̯] |
| qualquer (adj) | hvilken som helst | ['velkən sʌm 'hɛlˀst] |
| muito, muitos, muitas | megen, meget | ['mɑjən], ['mɑɑð] |
| muitas pessoas | mange | ['mɑŋə] |
| todos | alle | ['alə] |
| em troca de ... | til gengæld for ... | [tel 'gɛnˌgɛlˀ fʌ ...] |
| em troca | i stedet for | [i 'stɛðə fʌ] |
| à mão | i hånden | [i 'hʌnən] |
| pouco provável | næppe | ['nɛpə] |
| provavelmente | sandsynligvis | [san'syˀnliˌviˀs] |
| de propósito | med vilje, forsætlig | [mɛ 'viljə], [fʌ'sɛtli] |
| por acidente | tilfældigt | [te'fɛlˀdit] |
| muito | meget | ['mɑɑð] |
| por exemplo | for eksempel | [fʌ ɛk'sɛmˀpəl] |
| entre | imellem | [i'mɛlˀəm] |
| entre (no meio de) | blandt | ['blant] |
| tanto | så meget | ['sʌ 'mɑɑð] |
| especialmente | særligt | ['sæɐ̯lit] |

# NÚMEROS. DIVERSOS

## 7. Números cardinais. Parte 1

| | | |
|---|---|---|
| zero | nul | ['nɔl] |
| um | en | ['en] |
| dois | to | ['toˀ] |
| três | tre | ['tʁɛˀ] |
| quatro | fire | ['fiˀʌ] |
| | | |
| cinco | fem | ['fɛmˀ] |
| seis | seks | ['sɛks] |
| sete | syv | ['sywˀ] |
| oito | otte | ['ɔ:tə] |
| nove | ni | ['niˀ] |
| | | |
| dez | ti | ['tiˀ] |
| onze | elleve | ['ɛlvə] |
| doze | tolv | ['tʌlˀ] |
| treze | tretten | ['tʁatən] |
| catorze | fjorten | ['fjoɐ̯tən] |
| | | |
| quinze | femten | ['fɛmtən] |
| dezesseis | seksten | ['sɑjstən] |
| dezessete | sytten | ['søtən] |
| dezoito | atten | ['atən] |
| dezenove | nitten | ['netən] |
| | | |
| vinte | tyve | ['ty:və] |
| vinte e um | enogtyve | ['e:nʌˌty:və] |
| vinte e dois | toogtyve | ['to:ʌˌty:və] |
| vinte e três | treogtyve | ['tʁɛ:ʌˌty:və] |
| | | |
| trinta | tredive | ['tʁaðvə] |
| trinta e um | enogtredive | ['e:nʌˌtʁaðvə] |
| trinta e dois | toogtredive | ['to:ʌˌtʁaðvə] |
| trinta e três | treogtredive | ['tʁɛ:ʌˌtʁaðvə] |
| | | |
| quarenta | fyrre | ['fœɐ̯ʌ] |
| quarenta e um | enogfyrre | ['e:nʌˌfœɐ̯ʌ] |
| quarenta e dois | toogfyrre | ['to:ʌˌfœɐ̯ʌ] |
| quarenta e três | treogfyrre | ['tʁɛ:ʌˌfœɐ̯ʌ] |
| | | |
| cinquenta | halvtreds | [hal'tʁɛs] |
| cinquenta e um | enoghalvtreds | ['e:nʌ halˌtʁɛs] |
| cinquenta e dois | tooghalvtreds | ['to:ʌ halˌtʁɛs] |
| cinquenta e três | treoghalvtreds | ['tʁɛ:ʌ halˌtʁɛs] |
| | | |
| sessenta | tres | ['tʁɛs] |
| sessenta e um | enogtres | ['e:nʌˌtʁɛs] |

16

| sessenta e dois | toogtres | ['toːʌˌtʁɛs] |
|---|---|---|
| sessenta e três | treogtres | ['tʁɛːʌˌtʁɛs] |

| setenta | halvfjerds | [hal'fjæɐ̯s] |
|---|---|---|
| setenta e um | enoghalvfjerds | ['eːnʌ hal'fjæɐ̯s] |
| setenta e dois | tooghalvfjerds | ['toːʌ hal'fjæɐ̯s] |
| setenta e três | treoghalvfjerds | ['tʁɛːʌ hal'fjæɐ̯s] |

| oitenta | firs | ['fiɐ̯ˀs] |
|---|---|---|
| oitenta e um | enogfirs | ['eːnʌˌ'fiɐ̯ˀs] |
| oitenta e dois | toogfirs | ['toːʌˌfiɐ̯ˀs] |
| oitenta e três | treogfirs | ['tʁɛːʌˌfiɐ̯ˀs] |

| noventa | halvfems | [hal'fɛmˀs] |
|---|---|---|
| noventa e um | enoghalvfems | ['eːnʌ halˌfɛmˀs] |
| noventa e dois | tooghalvfems | ['toːʌ halˌfɛmˀs] |
| noventa e três | treoghalvfems | ['tʁɛːʌ halˌfɛmˀs] |

## 8. Números cardinais. Parte 2

| cem | hundrede | ['hunʌðə] |
|---|---|---|
| duzentos | tohundrede | ['tɔwˌhunʌðə] |
| trezentos | trehundrede | ['tʁɛˌhunʌðə] |
| quatrocentos | firehundrede | ['fiɐ̯ˌhunʌðə] |
| quinhentos | femhundrede | ['fɛmˌhunʌðə] |

| seiscentos | sekshundrede | ['sɛksˌhunʌðə] |
|---|---|---|
| setecentos | syvhundrede | ['sywˌhunʌðə] |
| oitocentos | ottehundrede | ['ɔːtəˌhunʌðə] |
| novecentos | nihundrede | ['niˌhunʌðə] |

| mil | tusind | ['tuˀsən] |
|---|---|---|
| dois mil | totusind | ['toˌtuˀsən] |
| três mil | tretusind | ['tʁɛˌtuˀsən] |
| dez mil | titusind | ['tiˌtuˀsən] |
| cem mil | hundredetusind | ['hunʌðəˌtuˀsən] |
| um milhão | million (f) | [mili'oˀn] |
| um bilhão | milliard (f) | [mili'ɑˀd] |

## 9. Números ordinais

| primeiro (adj) | første | ['fœɐ̯stə] |
|---|---|---|
| segundo (adj) | anden | ['anən] |
| terceiro (adj) | tredje | ['tʁɛðjə] |
| quarto (adj) | fjerde | ['fjɛːʌ] |
| quinto (adj) | femte | ['fɛmtə] |

| sexto (adj) | sjette | ['ɕɛːtə] |
|---|---|---|
| sétimo (adj) | syvende | ['sywˀənə] |
| oitavo (adj) | ottende | ['ʌtənə] |
| nono (adj) | niende | ['niˀənə] |
| décimo (adj) | tiende | ['tiˀənə] |

# CORES. UNIDADES DE MEDIDA

## 10. Cores

| cor (f) | farve (f) | ['fɑ:və] |
| tom (m) | nuance (f) | [ny'aŋsə] |
| tonalidade (m) | farvetone (f) | ['fɑ:və,toːnə] |
| arco-íris (m) | regnbue (f) | ['ʁajn,buːə] |

| branco (adj) | hvid | ['við'] |
| preto (adj) | sort | ['soɐ̯t] |
| cinza (adj) | grå | ['gʁɔ'] |

| verde (adj) | grøn | ['gʁœn'] |
| amarelo (adj) | gul | ['gu'l] |
| vermelho (adj) | rød | ['ʁœð'] |

| azul (adj) | blå | ['blɔ'] |
| azul claro (adj) | lyseblå | ['lysə,blɔ'] |
| rosa (adj) | rosa | ['ʁoːsa] |
| laranja (adj) | orange | [o'ʁaŋɕə] |
| violeta (adj) | violblå | [vi'ol,blɔ'] |
| marrom (adj) | brun | ['bʁu'n] |

| dourado (adj) | guld- | ['gul-] |
| prateado (adj) | sølv- | ['søl-] |

| bege (adj) | beige | ['bɛ:ɕ] |
| creme (adj) | cremefarvet | ['kʁɛ:m,fɑ'vəð] |
| turquesa (adj) | turkis | [tyɐ̯'ki's] |
| vermelho cereja (adj) | kirsebærrød | ['kiɐ̯səbæɐ̯,ʁœð'] |
| lilás (adj) | lilla | ['lela] |
| carmim (adj) | hindbærrød | ['henbæɐ̯,ʁœð'] |

| claro (adj) | lys | ['ly's] |
| escuro (adj) | mørk | ['mœɐ̯k] |
| vivo (adj) | klar | ['klɑ'] |

| de cor | farve- | ['fɑ:və-] |
| a cores | farve | ['fɑ:və] |
| preto e branco (adj) | sort-hvid | ['soɐ̯t'við'] |
| unicolor (de uma só cor) | ensfarvet | ['ens,fɑ'vəð] |
| multicolor (adj) | mangefarvet | ['maŋə,fɑ:vəð] |

## 11. Unidades de medida

| peso (m) | vægt (f) | ['vɛgt] |
| comprimento (m) | længde (f) | ['lɛŋ'də] |

| | | |
|---|---|---|
| largura (f) | bredde (f) | ['bʁɛ'də] |
| altura (f) | højde (f) | ['hʌj'də] |
| profundidade (f) | dybde (f) | ['dybdə] |
| volume (m) | rumfang (i) | ['ʁɔmˌfaŋ'] |
| área (f) | areal (i) | [ˌɑːe'æ'l] |
| | | |
| grama (m) | gram (i) | ['gʁɑm'] |
| miligrama (m) | milligram (i) | ['miliˌgʁɑm'] |
| quilograma (m) | kilogram (i) | ['kiloˌgʁɑm'] |
| tonelada (f) | ton (i, f) | ['tʌn'] |
| libra (453,6 gramas) | pund (i) | ['pun'] |
| onça (f) | ounce (f) | ['awns] |
| | | |
| metro (m) | meter (f) | ['me'tʌ] |
| milímetro (m) | millimeter (f) | ['miliˌme'tʌ] |
| centímetro (m) | centimeter (f) | ['sɛntiˌme'tʌ] |
| quilômetro (m) | kilometer (f) | ['kiloˌme'tʌ] |
| milha (f) | mil (f) | ['mi'l] |
| | | |
| polegada (f) | tomme (f) | ['tʌmə] |
| pé (304,74 mm) | fod (f) | ['fo'ð] |
| jarda (914,383 mm) | yard (f) | ['jɑːd] |
| | | |
| metro (m) quadrado | kvadratmeter (f) | [kva'dʁɑ'tˌme'tʌ] |
| hectare (m) | hektar (f) | [hɛk'tɑ'] |
| | | |
| litro (m) | liter (f) | ['litʌ] |
| grau (m) | grad (f) | ['gʁɑ'ð] |
| volt (m) | volt (f) | ['vʌl'tht] |
| ampère (m) | ampere (f) | [ɑm'pɛːɡ̊] |
| cavalo (m) de potência | hestekraft (f) | ['hɛstəˌkʁɑft] |
| | | |
| quantidade (f) | mængde (f) | ['mɛŋ'də] |
| um pouco de … | lidt … | ['let …] |
| metade (f) | halvdel (f) | ['halde'l] |
| dúzia (f) | dusin (i) | [du'si'n] |
| peça (f) | stykke (i) | ['støkə] |
| | | |
| tamanho (m), dimensão (f) | størrelse (f) | ['stœɡ̊ʌlsə] |
| escala (f) | målestok (f) | ['mɔːləˌstʌk] |
| | | |
| mínimo (adj) | minimal | [mini'mæ'l] |
| menor, mais pequeno | mindst | ['men'st] |
| médio (adj) | middel | ['mið'əl] |
| máximo (adj) | maksimal | [mɑksi'mæ'l] |
| maior, mais grande | størst | ['stœɡ̊st] |

## 12. Recipientes

| | | |
|---|---|---|
| pote (m) de vidro | glaskrukke (f) | ['glasˌkʁɔkə] |
| lata (~ de cerveja) | dåse (f) | ['dɔːsə] |
| balde (m) | spand (f) | ['span'] |
| barril (m) | tønde (f) | ['tønə] |
| bacia (~ de plástico) | balje (f) | ['baljə] |

| | | |
|---|---|---|
| tanque (m) | tank (f) | ['taŋˀk] |
| cantil (m) de bolso | lommelærke (f) | ['lʌmə‚læɐ̯kə] |
| galão (m) de gasolina | dunk (f) | ['dɔŋˀk] |
| cisterna (f) | tank (f) | ['taŋˀk] |
| | | |
| caneca (f) | krus (i) | ['kʁuˀs] |
| xícara (f) | kop (f) | ['kʌp] |
| pires (m) | underkop (f) | ['ɔnʌ‚kʌp] |
| copo (m) | glas (i) | ['glas] |
| taça (f) de vinho | vinglas (i) | ['viːn‚glas] |
| panela (f) | gryde (f) | ['gʁyːðə] |
| | | |
| garrafa (f) | flaske (f) | ['flaskə] |
| gargalo (m) | flaskehals (f) | ['flaskə‚halˀs] |
| | | |
| jarra (f) | karaffel (f) | [ka'ʁafəl] |
| jarro (m) | kande (f) | ['kanə] |
| recipiente (m) | beholder (f) | [be'hʌlˀʌ] |
| pote (m) | potte (f) | ['pʌtə] |
| vaso (m) | vase (f) | ['væːsə] |
| | | |
| frasco (~ de perfume) | flakon (f) | [fla'kʌŋ] |
| frasquinho (m) | flaske (f) | ['flaskə] |
| tubo (m) | tube (f) | ['tuːbə] |
| | | |
| saco (ex. ~ de açúcar) | sæk (f) | ['sɛk] |
| sacola (~ plastica) | pose (f) | ['poːsə] |
| maço (de cigarros, etc.) | pakke (f) | ['pakə] |
| | | |
| caixa (~ de sapatos, etc.) | æske (f) | ['ɛskə] |
| caixote (~ de madeira) | kasse (f) | ['kasə] |
| cesto (m) | kurv (f) | ['kuɐ̯ˀw] |

# VERBOS PRINCIPAIS

## 13. Os verbos mais importantes. Parte 1

| | | |
|---|---|---|
| abrir (vt) | at åbne | [ʌ 'ɔ:bnə] |
| acabar, terminar (vt) | at slutte | [ʌ 'slutə] |
| aconselhar (vt) | at råde | [ʌ 'ʁɔ:ðə] |
| adivinhar (vt) | at gætte | [ʌ 'gɛtə] |
| advertir (vt) | at advare | [ʌ 'aðˌvɑˀɑ] |
| ajudar (vt) | at hjælpe | [ʌ 'jɛlpə] |
| almoçar (vi) | at spise frokost | [ʌ 'spi:sə 'fʁɔkʌst] |
| alugar (~ um apartamento) | at leje | [ʌ 'lɑjə] |
| amar (pessoa) | at elske | [ʌ 'ɛlskə] |
| ameaçar (vt) | at true | [ʌ 'tʁu:ə] |
| anotar (escrever) | at skrive ned | [ʌ 'skʁi:və 'neðˀ] |
| apressar-se (vr) | at skynde sig | [ʌ 'skønə sɑj] |
| arrepender-se (vr) | at beklage | [ʌ be'klæˀjə] |
| assinar (vt) | at underskrive | [ʌ 'ɔnʌˌskʁiˀvə] |
| brincar (vi) | at spøge | [ʌ 'spø:jə] |
| brincar, jogar (vi, vt) | at lege | [ʌ 'lɑjə] |
| buscar (vt) | at søge ... | [ʌ 'sø:ə ...] |
| caçar (vi) | at jage | [ʌ 'jæ:jə] |
| cair (vi) | at falde | [ʌ 'falə] |
| cavar (vt) | at grave | [ʌ 'gʁɑ:və] |
| chamar (~ por socorro) | at tilkalde | [ʌ 'telˌkalˀə] |
| chegar (vi) | at ankomme | [ʌ 'anˌkʌmˀə] |
| chorar (vi) | at græde | [ʌ 'gʁa:ðə] |
| começar (vt) | at begynde | [ʌ be'gønˀə] |
| comparar (vt) | at sammenligne | [ʌ 'sɑmənˌliˀnə] |
| concordar (dizer "sim") | at samtykke | [ʌ 'sɑmˌtykə] |
| confiar (vt) | at stole på | [ʌ 'sto:lə pɔˀ] |
| confundir (equivocar-se) | at forveksle | [ʌ fʌ'vɛkslə] |
| conhecer (vt) | at kende | [ʌ 'kɛnə] |
| contar (fazer contas) | at tælle | [ʌ 'tɛlə] |
| contar com ... | at regne med ... | [ʌ 'ʁɑjnə mɛ ...] |
| continuar (vt) | at fortsætte | [ʌ 'fɔ:tˌsɛtə] |
| controlar (vt) | at kontrollere | [ʌ kʌntʁo'leˀʌ] |
| convidar (vt) | at indbyde, at invitere | [ʌ 'enˌbyˀðə], [ʌ envi'teˀʌ] |
| correr (vi) | at løbe | [ʌ 'lø:bə] |
| criar (vt) | at oprette, at skabe | [ʌ 'ʌbˌʁatə], [ʌ 'skæ:bə] |
| custar (vt) | at koste | [ʌ 'kʌstə] |

21

## 14. Os verbos mais importantes. Parte 2

| | | |
|---|---|---|
| dar (vt) | at give | [ʌ 'giˀ] |
| dar uma dica | at give et vink | [ʌ 'giˀ et 'veŋˀk] |
| decorar (enfeitar) | at pryde | [ʌ 'pʁy:ðə] |
| defender (vt) | at forsvare | [ʌ fʌ'svɑˀɑ] |
| deixar cair (vt) | at tabe | [ʌ 'tæ:bə] |
| | | |
| descer (para baixo) | at gå ned | [ʌ gɔˀ 'neðˀ] |
| desculpar (vt) | at tilgive | [ʌ 'tel,giˀ] |
| desculpar-se (vr) | at undskylde sig | [ʌ 'ɔn,skylˀə sɑj] |
| dirigir (~ uma empresa) | at styre, at lede | [ʌ 'sty:ʌ], [ʌ 'le:ðə] |
| discutir (notícias, etc.) | at diskutere | [ʌ disku'teˀʌ] |
| | | |
| disparar, atirar (vi) | at skyde | [ʌ 'sky:ðə] |
| dizer (vt) | at sige | [ʌ 'si:] |
| duvidar (vt) | at tvivle | [ʌ 'tviwlə] |
| encontrar (achar) | at finde | [ʌ 'fenə] |
| enganar (vt) | at snyde | [ʌ 'sny:ðə] |
| | | |
| entender (vt) | at forstå | [ʌ fʌ'stɔˀ] |
| entrar (na sala, etc.) | at komme ind | [ʌ 'kʌmə ,enˀ] |
| enviar (uma carta) | at sende | [ʌ 'sɛnə] |
| errar (enganar-se) | at tage fejl | [ʌ 'tæˀ fɑjˀl] |
| escolher (vt) | at vælge | [ʌ 'vɛljə] |
| | | |
| esconder (vt) | at gemme | [ʌ 'gɛmə] |
| escrever (vt) | at skrive | [ʌ 'skʁi:və] |
| esperar (aguardar) | at vente | [ʌ 'vɛntə] |
| esperar (ter esperança) | at håbe | [ʌ 'hɔ:bə] |
| esquecer (vt) | at glemme | [ʌ 'glɛmə] |
| | | |
| estudar (vt) | at studere | [ʌ stu'deˀʌ] |
| exigir (vt) | at kræve | [ʌ 'kʁɛ:və] |
| existir (vi) | at eksistere | [ʌ ɛksi'steˀʌ] |
| explicar (vt) | at forklare | [ʌ fʌ'klɑˀɑ] |
| | | |
| falar (vi) | at tale | [ʌ 'tæ:lə] |
| faltar (a la escuela, etc.) | at forsømme | [ʌ fʌ'sœmˀə] |
| fazer (vt) | at gøre | [ʌ 'gœ:ʌ] |
| ficar em silêncio | at tie | [ʌ 'ti:ə] |
| gabar-se (vr) | at prale | [ʌ 'pʁɑ:lə] |
| | | |
| gostar (apreciar) | at kunne lide | [ʌ 'kunə 'li:ðə] |
| gritar (vi) | at skrige | [ʌ 'skʁi:ə] |
| guardar (fotos, etc.) | at beholde | [ʌ be'hʌlˀə] |
| | | |
| informar (vt) | at informere | [ʌ enfʊ'meˀʌ] |
| insistir (vi) | at insistere | [ʌ ensi'steˀʌ] |
| | | |
| insultar (vt) | at fornærme | [ʌ fʌ'næʁˀmə] |
| interessar-se (vr) | at interessere sig | [ʌ entʁə'seˀʌ sɑj] |
| ir (a pé) | at gå | [ʌ 'gɔˀ] |
| ir nadar | at bade | [ʌ 'bæˀðə] |
| jantar (vi) | at spise aftensmad | [ʌ 'spi:sə 'ɑftəns,mɑð] |

## 15. Os verbos mais importantes. Parte 3

| | | |
|---|---|---|
| ler (vt) | at læse | [ʌ 'lɛ:sə] |
| libertar, liberar (vt) | at befri | [ʌ be'fʁi'] |
| matar (vt) | at dræbe, at myrde | [ʌ 'dʁɛ:bə], [ʌ 'myɐ̯də] |
| mencionar (vt) | at omtale, at nævne | [ʌ ʌm͵tæ:lə], [ʌ 'nɛwnə] |
| mostrar (vt) | at vise | [ʌ 'vi:sə] |
| | | |
| mudar (modificar) | at ændre | [ʌ 'ɛndʁʌ] |
| nadar (vi) | at svømme | [ʌ 'svœmə] |
| negar-se a ... (vr) | at vægre sig | [ʌ 'vɛ:jʁʌ saj] |
| objetar (vt) | at indvende | [ʌ 'en'͵vɛn'ə] |
| | | |
| observar (vt) | at observere | [ʌ ʌbsæɐ̯'ve'ʌ] |
| ordenar (mil.) | at beordre | [ʌ be'ɒ'dʁʌ] |
| ouvir (vt) | at høre | [ʌ 'hø:ʌ] |
| pagar (vt) | at betale | [ʌ be'tæ'lə] |
| parar (vi) | at standse | [ʌ 'stansə] |
| | | |
| parar, cessar (vt) | at stoppe, at slutte | [ʌ 'stʌpə], [ʌ 'slutə] |
| participar (vi) | at deltage | [ʌ 'del͵tæ'] |
| pedir (comida, etc.) | at bestille | [ʌ be'stel'ə] |
| pedir (um favor, etc.) | at bede | [ʌ 'be'ðə] |
| pegar (tomar) | at tage | [ʌ 'tæ'] |
| | | |
| pegar (uma bola) | at fange | [ʌ 'faŋə] |
| pensar (vi, vt) | at tænke | [ʌ 'tɛŋkə] |
| perceber (ver) | at bemærke | [ʌ be'mæɐ̯kə] |
| perdoar (vt) | at tilgive | [ʌ 'tel͵gi'] |
| perguntar (vt) | at spørge | [ʌ 'spœɐ̯ʌ] |
| | | |
| permitir (vt) | at tillade | [ʌ 'te͵læ'ðə] |
| pertencer a ... (vi) | at tilhøre ... | [ʌ 'tel͵hø'ʌ ...] |
| planejar (vt) | at planlægge | [ʌ 'plæ:n͵lɛgə] |
| poder (~ fazer algo) | at kunne | [ʌ 'kunə] |
| possuir (uma casa, etc.) | at besidde, at eje | [ʌ be'sið'ə], [ʌ 'ajə] |
| | | |
| preferir (vt) | at foretrække | [ʌ fɒ:ɒ'tʁakə] |
| preparar (vt) | at lave | [ʌ 'læ:və] |
| prever (vt) | at forudse | [ʌ 'fɒuð͵se'] |
| prometer (vt) | at love | [ʌ 'lɔ:və] |
| pronunciar (vt) | at udtale | [ʌ 'uð͵tæ:lə] |
| | | |
| propor (vt) | at foreslå | [ʌ 'fɒ:ɒ͵slɔ'] |
| punir (castigar) | at straffe | [ʌ 'stʁafə] |
| quebrar (vt) | at bryde | [ʌ 'bʁy:ðə] |
| queixar-se de ... | at klage | [ʌ 'klæ:jə] |
| querer (desejar) | at ville | [ʌ 'vilə] |

## 16. Os verbos mais importantes. Parte 4

| | | |
|---|---|---|
| ralhar, repreender (vt) | at skælde | [ʌ 'skɛlə] |
| recomendar (vt) | at anbefale | [ʌ 'anbe͵fæ'lə] |

| | | |
|---|---|---|
| repetir (dizer outra vez) | at gentage | [ʌ 'gɛn̩tæʔ] |
| reservar (~ um quarto) | at reservere | [ʌ ʁɛsæɐ̯'veʔʌ] |
| responder (vt) | at svare | [ʌ 'svɑːɑ] |
| | | |
| rezar, orar (vi) | at bede | [ʌ 'beʔðə] |
| rir (vi) | at le, at grine | [ʌ 'leʔ], [ʌ 'gʁiːnə] |
| roubar (vt) | at stjæle | [ʌ 'stjɛːlə] |
| saber (vt) | at vide | [ʌ 'viːðə] |
| sair (~ de casa) | at gå ud | [ʌ 'gɔʔ uðʔ] |
| | | |
| salvar (resgatar) | at redde | [ʌ 'ʁɛðə] |
| seguir (~ alguém) | at følge efter ... | [ʌ 'føljə 'ɛftʌ ...] |
| sentar-se (vr) | at sætte sig | [ʌ 'sɛtə sɑj] |
| ser necessário | at være behøvet | [ʌ 'vɛːʌ be'hø̊ʔvəð] |
| | | |
| ser, estar | at være | [ʌ 'vɛːʌ] |
| significar (vt) | at betyde | [ʌ be'tyʔðə] |
| sorrir (vi) | at smile | [ʌ 'smiːlə] |
| subestimar (vt) | at undervurdere | [ʌ 'ɔnʌvuɐ̯'deʔʌ] |
| surpreender-se (vr) | at blive forundret | [ʌ 'bliːə fʌ'ɔnʔdʁʌð] |
| | | |
| tentar (~ fazer) | at prøve | [ʌ 'pʁœːwə] |
| ter (vt) | at have | [ʌ 'hæːvə] |
| ter fome | at være sulten | [ʌ 'vɛːʌ 'sultən] |
| | | |
| ter medo | at frygte | [ʌ 'fʁœgtə] |
| ter sede | at være tørstig | [ʌ 'vɛːʌ 'tœɐ̯sti] |
| tocar (com as mãos) | at røre | [ʌ 'ʁœːʌ] |
| tomar café da manhã | at spise morgenmad | [ʌ 'spiːsə 'mɒːɒn̩ma
ð] |
| trabalhar (vi) | at arbejde | [ʌ 'ɑːˌbɑjʔdə] |
| traduzir (vt) | at oversætte | [ʌ 'ɒwʌˌsɛtə] |
| | | |
| unir (vt) | at forene | [ʌ fʌ'eːnə] |
| vender (vt) | at sælge | [ʌ 'sɛljə] |
| ver (vt) | at se | [ʌ 'seʔ] |
| virar (~ para a direita) | at svinge | [ʌ 'sveŋə] |
| voar (vi) | at flyve | [ʌ 'flyːvə] |

# TEMPO. CALENDÁRIO

## 17. Dias da semana

| | | |
|---|---|---|
| segunda-feira (f) | mandag (f) | ['man'da] |
| terça-feira (f) | tirsdag (f) | ['tiɐ̯'sda] |
| quarta-feira (f) | onsdag (f) | ['ɔn'sda] |
| quinta-feira (f) | torsdag (f) | ['tɒ'sda] |
| sexta-feira (f) | fredag (f) | ['fʁɛ'da] |
| sábado (m) | lørdag (f) | ['lœɐ̯da] |
| domingo (m) | søndag (f) | ['sœn'da] |
| | | |
| hoje | i dag | [i 'dæ'] |
| amanhã | i morgen | [i 'mɒːɒn] |
| depois de amanhã | i overmorgen | [i 'ɒwʌˌmɒːɒn] |
| ontem | i går | [i 'gɒ'] |
| anteontem | i forgårs | [i 'fɒːˌgɒ's] |
| | | |
| dia (m) | dag (f) | ['dæ'] |
| dia (m) de trabalho | arbejdsdag (f) | ['ɑːbɑjdsˌdæ'] |
| feriado (m) | festdag (f) | ['fɛstˌdæ'] |
| dia (m) de folga | fridag (f) | ['fʁidæ'] |
| fim (m) de semana | weekend (f) | ['wiːˌkɛnd] |
| | | |
| o dia todo | hele dagen | ['heːlə 'dæ'ən] |
| no dia seguinte | næste dag | ['nɛstə dæ'] |
| há dois dias | for to dage siden | [fʌ to' 'dæ'ə 'siðən] |
| na véspera | dagen før | ['dæ'ən fʌ] |
| diário (adj) | daglig | ['dɑwli] |
| todos os dias | hver dag | ['vɛɐ̯ 'dæ'] |
| | | |
| semana (f) | uge (f) | ['uːə] |
| na semana passada | sidste uge | [i 'sistə 'uːə] |
| semana que vem | i næste uge | [i 'nɛstə 'uːə] |
| semanal (adj) | ugentlig | ['uːəntli] |
| toda semana | hver uge | ['vɛɐ̯ 'uːə] |
| duas vezes por semana | to gange om ugen | ['to' 'gɑŋə ɒm 'uːən] |
| toda terça-feira | hver tirsdag | ['vɛɐ̯ ˌtiɐ̯'sda] |

## 18. Horas. Dia e noite

| | | |
|---|---|---|
| manhã (f) | morgen (f) | ['mɒːɒn] |
| de manhã | om morgenen | [ʌm 'mɒːɒnən] |
| meio-dia (m) | middag (f) | ['meda] |
| à tarde | om eftermiddagen | [ʌm 'ɛftʌmeˌdæ'ən] |
| | | |
| tardinha (f) | aften (f) | ['ɑftən] |
| à tardinha | om aftenen | [ʌm 'ɑftənən] |

| noite (f) | nat (f) | ['nat] |
| à noite | om natten | [ʌm 'natən] |
| meia-noite (f) | midnat (f) | ['mið,nat] |

| segundo (m) | sekund (i) | [se'kɔnˀd] |
| minuto (m) | minut (i) | [me'nut] |
| hora (f) | time (f) | ['tiːmə] |
| meia hora (f) | en halv time | [en 'halˀ 'tiːmə] |
| quarto (m) de hora | kvart (f) | ['kvɑːt] |
| quinze minutos | femten minutter | ['fɛmtən me'nutʌ] |
| vinte e quatro horas | døgn (i) | ['dʌjˀn] |

| nascer (m) do sol | solopgang (f) | ['soːl 'ʌp,gaŋˀ] |
| amanhecer (m) | daggry (i) | ['dɑw,gʁyː] |
| madrugada (f) | tidlig morgen (f) | ['tiðli 'mɒːɒn] |
| pôr-do-sol (m) | solnedgang (f) | ['soːl 'neð,gaŋˀ] |

| de madrugada | tidligt om morgenen | ['tiðlit ʌm 'mɒːɒnən] |
| esta manhã | i morges | [i 'mɒːɒs] |
| amanhã de manhã | i morgen tidlig | [i 'mɒːɒn 'tiðli] |

| esta tarde | i eftermiddag | [i 'ɛftʌme,dæˀ] |
| à tarde | om eftermiddagen | [ʌm 'ɛftʌme,dæˀən] |
| amanhã à tarde | i morgen eftermiddag | [i 'mɒːɒn 'ɛftʌme,dæˀ] |

| esta noite, hoje à noite | i aften | [i 'aftən] |
| amanhã à noite | i morgen aften | [i 'mɒːɒn 'aftən] |

| às três horas em ponto | klokken tre præcis | ['klʌkən tʁɛ pʁɛ'siˀs] |
| por volta das quatro | ved fire tiden | [ve 'fiˀʌ 'tiðən] |
| às doze | ved 12-tiden | [ve 'tʌl 'tiðən] |

| em vinte minutos | om 20 minutter | [ʌm 'tyːvə me'nutʌ] |
| em uma hora | om en time | [ʌm en 'tiːmə] |
| a tempo | i tide | [i 'tiːðə] |

| ... um quarto para | kvart i ... | ['kvɑːt i ...] |
| dentro de uma hora | inden for en time | ['enən'fʌ en 'tiːmə] |
| a cada quinze minutos | hvert 15 minut | ['vɛˀɡt 'fɛmtən me'nut] |
| as vinte e quatro horas | døgnet rundt | ['dʌjnəð 'ʁɔnˀt] |

## 19. Meses. Estações

| janeiro (m) | januar (f) | ['janu,ɑˀ] |
| fevereiro (m) | februar (f) | ['febʁu,ɑˀ] |
| março (m) | marts (f) | ['mɑːts] |
| abril (m) | april (f) | [a'pʁiˀl] |
| maio (m) | maj (f) | ['mɑjˀ] |
| junho (m) | juni (f) | ['juˀni] |

| julho (m) | juli (f) | ['juˀli] |
| agosto (m) | august (f) | [ɑw'gɔst] |
| setembro (m) | september (f) | [sep'tɛmˀbʌ] |
| outubro (m) | oktober (f) | [ok'toˀbʌ] |

| | | |
|---|---|---|
| novembro (m) | november (f) | [no'vɛm²bʌ] |
| dezembro (m) | december (f) | [de'sɛm²bʌ] |
| | | |
| primavera (f) | forår (i) | ['fɒːˌɒ²] |
| na primavera | om foråret | [ʌm 'fɒːˌɒ²ð] |
| primaveril (adj) | forårs- | ['fɒːɒs-] |
| | | |
| verão (m) | sommer (f) | ['sʌmʌ] |
| no verão | om sommeren | [ʌm 'sʌmʌən] |
| de verão | sommer- | ['sʌmʌ-] |
| | | |
| outono (m) | efterår (i) | ['ɛftʌˌɒ²] |
| no outono | om efteråret | [ʌm 'ɛftʌˌɒ²ð] |
| outonal (adj) | efterårs- | ['ɛftʌˌɒs-] |
| | | |
| inverno (m) | vinter (f) | ['ven²tʌ] |
| no inverno | om vinteren | [ʌm 'ven²tʌən] |
| de inverno | vinter- | ['ventʌ-] |
| | | |
| mês (m) | måned (f) | ['mɔːnəð] |
| este mês | i denne måned | [i 'dɛnə 'mɔːnəð] |
| mês que vem | næste måned | ['nɛstə 'mɔːnəð] |
| no mês passado | sidste måned | ['sistə 'mɔːnəð] |
| | | |
| um mês atrás | for en måned siden | [fʌ en 'mɔːnəð 'siðən] |
| em um mês | om en måned | [ʌm en 'mɔːnəð] |
| em dois meses | om 2 måneder | [ʌm to 'mɔːnəðʌ] |
| todo o mês | en hel måned | [en 'heːl 'mɔːnəð] |
| um mês inteiro | hele måneden | ['heːlə 'mɔːnəðən] |
| | | |
| mensal (adj) | månedlig | ['mɔːnəðli] |
| mensalmente | månedligt | ['mɔːnəðlit] |
| todo mês | hver måned | ['vɛɐ̯ 'mɔːnəð] |
| duas vezes por mês | to gange om måneden | ['toː 'gaŋə ɒm 'mɔːnəðən] |
| | | |
| ano (m) | år (i) | ['ɒ²] |
| este ano | i år | [i 'ɒ²] |
| ano que vem | næste år | ['nɛstə ɒ²] |
| no ano passado | i fjor | [i 'fjo²ɐ̯] |
| | | |
| há um ano | for et år siden | [fʌ ed ɒ² 'siðən] |
| em um ano | om et år | [ʌm et 'ɒ²] |
| dentro de dois anos | om 2 år | [ʌm to 'ɒ²] |
| todo o ano | hele året | ['heːlə 'ɒːɒð] |
| um ano inteiro | hele året | ['heːlə 'ɒːɒð] |
| | | |
| cada ano | hvert år | ['vɛ²ɐ̯t ɒ²] |
| anual (adj) | årlig | ['ɒːli] |
| anualmente | årligt | ['ɒːlit] |
| quatro vezes por ano | fire gange om året | ['fi²ʌ 'gaŋə ɒm 'ɒːɒð] |
| | | |
| data (~ de hoje) | dato (f) | ['dæːto] |
| data (ex. ~ de nascimento) | dato (f) | ['dæːto] |
| calendário (m) | kalender (f) | [ka'lɛn²ʌ] |
| meio ano | et halvt år | [et hal²t 'ɒ²] |
| seis meses | halvår (i) | ['halvˌɒ²] |

| estação (f) | årstid (f) | ['ɒːsˌtiðˀ] |
| século (m) | århundrede (i) | [ɒ'hunʁʌðə] |

# VIAGENS. HOTEL

## 20. Viagens

| | | |
|---|---|---|
| turismo (m) | turisme (f) | [tu'ʁismə] |
| turista (m) | turist (f) | [tu'ʁist] |
| viagem (f) | rejse (f) | ['ʁɑjsə] |
| aventura (f) | eventyr (i) | ['ɛ:vən̩tyɐ̯'] |
| percurso (curta viagem) | rejse (f) | ['ʁɑjsə] |

| | | |
|---|---|---|
| férias (f pl) | ferie (f) | ['feɐ̯'iə] |
| estar de férias | at holde ferie | [ʌ 'hʌlə 'feɐ̯'iə] |
| descanso (m) | ophold (i), hvile (f) | ['ʌp̩hʌl'], ['vi:lə] |

| | | |
|---|---|---|
| trem (m) | tog (i) | ['tɔ'w] |
| de trem (chegar ~) | med tog | [mɛ 'tɔ'w] |
| avião (m) | fly (i) | ['fly'] |
| de avião | med fly | [mɛ 'fly'] |
| de carro | med bil | [mɛ 'bi'l] |
| de navio | med skib | [mɛ 'ski'b] |

| | | |
|---|---|---|
| bagagem (f) | bagage (f) | [ba'gæ:ɕə] |
| mala (f) | kuffert (f) | ['kɔfʌt] |
| carrinho (m) | bagagevogn (f) | [ba'gæ:ɕə,vɒw'n] |

| | | |
|---|---|---|
| passaporte (m) | pas (i) | ['pas] |
| visto (m) | visum (i) | ['vi:sɔm] |
| passagem (f) | billet (f) | [bi'lɛt] |
| passagem (f) aérea | flybillet (f) | ['fly bi'lɛt] |

| | | |
|---|---|---|
| guia (m) de viagem | rejsehåndbog (f) | ['ʁɑjsə,hʌnbɔ'w] |
| mapa (m) | kort (i) | ['kɒ:t] |
| área (f) | område (i) | ['ʌm,ʁɔ:ðə] |
| lugar (m) | sted (i) | ['stɛð] |

| | | |
|---|---|---|
| exótico (adj) | eksotisk | [ɛk'so'tisk] |
| surpreendente (adj) | forunderlig | [fʌ'ɔn'ʌli] |

| | | |
|---|---|---|
| grupo (m) | gruppe (f) | ['gʁupə] |
| excursão (f) | udflugt (f) | ['uð,flɔgt] |
| guia (m) | guide (f) | ['gɑjd] |

## 21. Hotel

| | | |
|---|---|---|
| hotel (m) | hotel (i) | [ho'tɛl'] |
| motel (m) | motel (i) | [mo'tɛl'] |
| três estrelas | trestjernet | ['tʁɛ,stjæɐ̯'nəð] |
| cinco estrelas | femstjernet | ['fɛm,stjæɐ̯'nəð] |

| | | |
|---|---|---|
| ficar (vi, vt) | at bo | [ʌ 'boʔ] |
| quarto (m) | værelse (i) | ['væɐ̯ʌlsə] |
| quarto (m) individual | enkeltværelse (i) | ['ɛnʔkəlt͜væɐ̯ʌlsə] |
| quarto (m) duplo | dobbeltværelse (i) | ['dʌbəlt͜væɐ̯ʌlsə] |
| reservar um quarto | at booke et værelse | [ʌ 'bukə et 'væɐ̯ʌlsə] |

| | | |
|---|---|---|
| meia pensão (f) | halvpension (f) | ['halʔ paŋ'ɕoʔn] |
| pensão (f) completa | helpension (f) | ['heʔl paŋ'ɕoʔn] |

| | | |
|---|---|---|
| com banheira | med badekar | [mɛ 'bæ:ðə̩kɑ] |
| com chuveiro | med brusebad | [mɛ 'bʁu:sə̩bað] |
| televisão (m) por satélite | satellit-tv (i) | [satə'lit 'teʔ̩veʔ] |
| ar (m) condicionado | klimaanlæg (i) | ['kli:ma'an̩lɛʔg] |
| toalha (f) | håndklæde (i) | ['hʌn̩klɛ:ðə] |
| chave (f) | nøgle (f) | ['nʌjlə] |

| | | |
|---|---|---|
| administrador (m) | administrator (f) | [aðmini'stʁɑ:tʌ] |
| camareira (f) | stuepige (f) | ['stuə̩pi:ə] |
| bagageiro (m) | drager (f) | ['dʁɑ:wʌ] |
| porteiro (m) | portier (f) | [pɒ'tje] |

| | | |
|---|---|---|
| restaurante (m) | restaurant (f) | [ʁɛsto'ʁɑŋ] |
| bar (m) | bar (f) | ['bɑʔ] |
| café (m) da manhã | morgenmad (f) | ['mɒ:ɒn̩mað] |
| jantar (m) | aftensmad (f) | ['ɑftəns̩mað] |
| bufê (m) | buffet (f) | [by'fe] |

| | | |
|---|---|---|
| saguão (m) | hall, lobby (f) | ['hɒ:l], ['lʌbi] |
| elevador (m) | elevator (f) | [elə'væ:tʌ] |

| | | |
|---|---|---|
| NÃO PERTURBE | VIL IKKE FORSTYRRES | ['vel 'ekə fʌ'styɐ̯ʔʌs] |
| PROIBIDO FUMAR! | RYGNING FORBUDT | ['ʁy:neŋ fʌ'byʔð] |

## 22. Turismo

| | | |
|---|---|---|
| monumento (m) | monument (i) | [monu'mɛnʔt] |
| fortaleza (f) | fæstning (f) | ['fɛstneŋ] |
| palácio (m) | palads (i) | [pa'las] |
| castelo (m) | slot (i), borg (f) | ['slʌt], ['bɒʔw] |
| torre (f) | tårn (i) | ['tɒʔn] |
| mausoléu (m) | mausoleum (i) | [mɑwso'lɛ:ɔm] |

| | | |
|---|---|---|
| arquitetura (f) | arkitektur (f) | [ɑkitɛk'tuɐ̯ʔ] |
| medieval (adj) | middelalderlig | ['miðəl̩alʔʌli] |
| antigo (adj) | gammel | ['gaməl] |
| nacional (adj) | national | [naɕo'næʔl] |
| famoso, conhecido (adj) | kendt, berømt | ['kɛnʔt], [be'ʁœmʔt] |

| | | |
|---|---|---|
| turista (m) | turist (f) | [tu'ʁist] |
| guia (pessoa) | guide (f) | ['gɑjd] |
| excursão (f) | udflugt (f) | ['uð̩flɔgt] |
| mostrar (vt) | at vise | [ʌ 'vi:sə] |
| contar (vt) | at fortælle | [ʌ fʌ'tɛlʔə] |
| encontrar (vt) | at finde | [ʌ 'fenə] |

| | | |
|---|---|---|
| perder-se (vr) | at gå vild | [ʌ gɔˀ 'vilˀ] |
| mapa (~ do metrô) | kort (i) | ['kɒ:t] |
| mapa (~ da cidade) | kort (i) | ['kɒ:t] |
| | | |
| lembrança (f), presente (m) | souvenir (f) | [suvə'ni:ɐ̯] |
| loja (f) de presentes | souvenirforretning (f) | [suvə'ni:ɐ̯ fʌ'ʁatneŋ] |
| tirar fotos, fotografar | at fotografere | [ʌ fotogʁɑ'feˀʌ] |
| fotografar-se (vr) | at blive fotograferet | [ʌ 'bli:ə fotogʁɑ:'feˀʌð] |

# TRANSPORTES

## 23. Aeroporto

| | | |
|---|---|---|
| aeroporto (m) | lufthavn (f) | ['lɔft̩ˌhɑwˀn] |
| avião (m) | fly (i) | ['flyˀ] |
| companhia (f) aérea | flyselskab (i) | ['flyˀsɛlˌskæˀb] |
| controlador (m) de tráfego aéreo | flyveleder (f) | ['fly:vəˌle:ðʌ] |

| | | |
|---|---|---|
| partida (f) | afgang (f) | ['awˌgɑŋˀ] |
| chegada (f) | ankomst (f) | ['anˌkʌmˀst] |
| chegar (vi) | at ankomme | [ʌ 'anˌkʌmˀə] |

| | | |
|---|---|---|
| hora (f) de partida | afgangstid (f) | ['awgɑŋsˌtiðˀ] |
| hora (f) de chegada | ankomsttid (f) | ['ankʌmˀstˌtið] |

| | | |
|---|---|---|
| estar atrasado | at blive forsinke | [ʌ 'bli:ə fʌ'senˀkə] |
| atraso (m) de voo | afgangsforsinkelse (f) | ['awˌgɑŋs fʌ'seŋkəlsə] |

| | | |
|---|---|---|
| painel (m) de informação | informationstavle (f) | [enfɒma'çons ˌtawlə] |
| informação (f) | information (f) | [enfɒma'çoˀn] |
| anunciar (vt) | at meddele | [ʌ 'mɛðˌdeˀlə] |
| voo (m) | flight (f) | ['flɑjt] |

| | | |
|---|---|---|
| alfândega (f) | told (f) | ['tʌlˀ] |
| funcionário (m) da alfândega | toldbetjent (f) | ['tʌl be'tjɛnˀt] |

| | | |
|---|---|---|
| declaração (f) alfandegária | tolddeklaration (f) | ['tʌl deklɑɑˌço'n] |
| preencher (vt) | at udfylde | [ʌ 'uðˌfylˀə] |
| preencher a declaração | at udfylde en tolddeklaration | [ʌ 'uðˌfylˀə en 'tʌlˀdeklɑɑ'ço'n] |

| | | |
|---|---|---|
| controle (m) de passaporte | paskontrol (f) | ['paskɔnˌtʁʌlˀ] |

| | | |
|---|---|---|
| bagagem (f) | bagage (f) | [ba'gæːçə] |
| bagagem (f) de mão | håndbagage (f) | ['hʌn ba'gæːçə] |
| carrinho (m) | bagagevogn (f) | [ba'gæːçəˌvɒwˀn] |

| | | |
|---|---|---|
| pouso (m) | landing (f) | ['laneŋ] |
| pista (f) de pouso | landingsbane (f) | ['laneŋsˌbæːnə] |
| aterrissar (vi) | at lande | [ʌ 'lanə] |
| escada (f) de avião | trappe (f) | ['tʁɑpə] |

| | | |
|---|---|---|
| check-in (m) | check-in (f) | [tjɛk'en] |
| balcão (m) do check-in | check-in-skranke (f) | [tjɛk'enˌskʁɑŋkə] |
| fazer o check-in | at tjekke ind | [ʌ 'tjɛkə 'enˀ] |
| cartão (m) de embarque | boardingkort (i) | ['bɒːdeŋˌkɒːt] |
| portão (m) de embarque | gate (f) | ['gɛjt] |
| trânsito (m) | transit (f) | [tʁan'sit] |
| esperar (vi, vt) | at vente | [ʌ 'vɛntə] |

| | | |
|---|---|---|
| sala (f) de espera | ventesal (f) | ['vɛntə‚sæ'l] |
| despedir-se (acompanhar) | at vinke farvel | [ʌ 'veŋkə fɑ'vɛl] |
| despedir-se (dizer adeus) | at sige farvel | [ʌ 'si: fɑ'vɛl] |

## 24. Avião

| | | |
|---|---|---|
| avião (m) | fly (i) | ['fly'] |
| passagem (f) aérea | flybillet (f) | ['fly bi'lɛt] |
| companhia (f) aérea | flyselskab (i) | ['fly'sɛl‚skæ'b] |
| aeroporto (m) | lufthavn (f) | ['lɔft‚hɑw'n] |
| supersônico (adj) | overlyds- | ['ɒwʌ‚lyðs-] |
| | | |
| comandante (m) do avião | kaptajn (f) | [kɑp'tɑj'n] |
| tripulação (f) | besætning (f) | [be'sɛtneŋ] |
| piloto (m) | pilot (f) | [pi'lo't] |
| aeromoça (f) | stewardesse (f) | [stjuɑ'dɛsə] |
| copiloto (m) | styrmand (f) | ['styᶢ‚man'] |
| | | |
| asas (f pl) | vinger (f pl) | ['veŋʌ] |
| cauda (f) | hale (f) | ['hæ:lə] |
| cabine (f) | cockpit (i) | ['kʌk‚pit] |
| motor (m) | motor (f) | ['mo:tʌ] |
| | | |
| trem (m) de pouso | landingshjul (i) | ['laneŋs‚ju'l] |
| turbina (f) | turbine (f) | [tuᶢ'bi:nə] |
| | | |
| hélice (f) | propel (f) | [pʁo'pɛl'] |
| caixa-preta (f) | sort boks (f) | ['soᶢt 'bʌks] |
| | | |
| coluna (f) de controle | rat (i) | ['ʁɑt] |
| combustível (m) | brændstof (i) | ['bʁan‚stʌf] |
| | | |
| instruções (f pl) de segurança | sikkerhedsinstruks (f) | ['sekʌ‚heð' en'stʁuks] |
| máscara (f) de oxigênio | iltmaske (f) | ['ilt‚maskə] |
| uniforme (m) | uniform (f) | [uni'fɒ'm] |
| | | |
| colete (m) salva-vidas | redningsvest (f) | ['ʁɛðneŋs‚vɛst] |
| paraquedas (m) | faldskærm (f) | ['fal‚skæᶢ'm] |
| | | |
| decolagem (f) | start (f) | ['stɑ't] |
| descolar (vi) | at lette | [ʌ 'lɛtə] |
| pista (f) de decolagem | startbane (f) | ['stɑ:t‚bæ:nə] |
| | | |
| visibilidade (f) | sigtbarhed (f) | ['segtbɑ‚heð'] |
| voo (m) | flyvning (f) | ['flywneŋ] |
| | | |
| altura (f) | højde (f) | ['hʌj'də] |
| poço (m) de ar | lufthul (i) | ['lɔft‚hɔl] |
| | | |
| assento (m) | plads (f) | ['plas] |
| fone (m) de ouvido | hovedtelefoner (f pl) | ['ho:əð telə'fo'nʌ] |
| mesa (f) retrátil | klapbord (i) | ['klɑp‚bo'ᶢ] |
| janela (f) | vindue (i) | ['vendu] |
| corredor (m) | midtergang (f) | ['metʌ‚gɑŋ'] |

## 25. Comboio

| trem (m) | tog (i) | ['tɔˀw] |
| trem (m) elétrico | lokaltog (i) | [lo'kæˀlˌtɔˀw] |
| trem (m) | lyntog, eksprestog (i) | ['lyːnˌtɔˀw], [ɛks'pʁasˌtɔˀw] |
| locomotiva (f) diesel | diesellokomotiv (i) | ['diˀsəl lokomo'tiwˀ] |
| locomotiva (f) a vapor | damplokomotiv (i) | ['damp lokomo'tiwˀ] |

| vagão (f) de passageiros | vogn (f) | ['vɒwˀn] |
| vagão-restaurante (m) | spisevogn (f) | ['spiːsəˌvɒwˀn] |

| carris (m pl) | skinner (f pl) | ['skenʌ] |
| estrada (f) de ferro | jernbane (f) | ['jæɐ̯ˀnˌbæːnə] |
| travessa (f) | svelle (f) | ['svɛlə] |

| plataforma (f) | perron (f) | [pa'ʁʌŋ] |
| linha (f) | spor (i) | ['spoˀɐ̯] |
| semáforo (m) | semafor (f) | [sema'foˀɐ̯] |
| estação (f) | station (f) | [sta'ɕoˀn] |

| maquinista (m) | togfører (f) | ['tɔwˌføːʌ] |
| bagageiro (m) | drager (f) | ['dʁɑːwʌ] |
| hospedeiro, -a (m, f) | togbetjent (f) | ['tɔw be'tjɛnˀt] |
| passageiro (m) | passager (f) | [pasa'ɕeˀɐ̯] |
| revisor (m) | kontrollør (f) | [kʌntʁo'løˀɐ̯] |

| corredor (m) | korridor (f) | [kɒi'doˀɐ̯] |
| freio (m) de emergência | nødbremse (f) | ['nødˌbʁamsə] |

| compartimento (m) | kupe, kupé (f) | [ku'peˀ] |
| cama (f) | køje (f) | ['kʌjə] |
| cama (f) de cima | overkøje (f) | ['ɒwʌˌkʌjə] |
| cama (f) de baixo | underkøje (f) | ['ɔnʌˌkʌjə] |
| roupa (f) de cama | sengetøj (i) | ['sɛŋəˌtʌj] |

| passagem (f) | billet (f) | [bi'lɛt] |
| horário (m) | køreplan (f) | ['køːʌˌplæˀn] |
| painel (m) de informação | informationstavle (f) | [enfɒma'ɕons ˌtawlə] |

| partir (vt) | at afgå | [ʌ 'awˌgɔˀ] |
| partida (f) | afgang (f) | ['awˌgaŋˀ] |
| chegar (vi) | at ankomme | [ʌ 'anˌkʌmˀə] |
| chegada (f) | ankomst (f) | ['anˌkʌmˀst] |

| chegar de trem | at ankomme med toget | [ʌ 'anˌkʌmˀə mɛ 'tɔˀwəð] |
| pegar o trem | at stå på toget | [ʌ 'stiːə pɔ 'tɔˀwəð] |
| descer de trem | at stå af toget | [ʌ 'stiːə a 'tɔˀwəð] |

| acidente (m) ferroviário | togulykke (f) | ['tɔw uˌløkə] |
| descarrilar (vi) | at afspore | [ʌ 'awˌspoˀʌ] |

| locomotiva (f) a vapor | damplokomotiv (i) | ['damp lokomo'tiwˀ] |
| foguista (m) | fyrbøder (f) | ['fyɐ̯ˌbøðʌ] |
| fornalha (f) | fyrrum (i) | ['fyɐ̯ˌʁɔmˀ] |
| carvão (m) | kul (i) | ['kɔl] |

## 26. Barco

| | | |
|---|---|---|
| navio (m) | skib (i) | ['ski'b] |
| embarcação (f) | fartøj (i) | ['fɑːˌtʌj] |
| | | |
| barco (m) a vapor | dampskib (i) | ['dɑmpˌski'b] |
| barco (m) fluvial | flodbåd (f) | ['floðˌbɔ'ð] |
| transatlântico (m) | cruiseskib (i) | ['kɹuːsˌski'b] |
| cruzeiro (m) | krydser (f) | ['kɹysʌ] |
| | | |
| iate (m) | yacht (f) | ['jɑgt] |
| rebocador (m) | bugserbåd (f) | [bug'seɡˌbɔ'ð] |
| barcaça (f) | pram (f) | ['pɹɑm'] |
| ferry (m) | færge (f) | ['fæɡwə] |
| | | |
| veleiro (m) | sejlbåd (f) | ['sɑjlˌbɔ'ð] |
| bergantim (m) | brigantine (f) | [bɹigan'tiːnə] |
| | | |
| quebra-gelo (m) | isbryder (f) | ['isˌbɹyðʌ] |
| submarino (m) | u-båd (f) | ['u'ˌbɔð] |
| | | |
| bote, barco (m) | båd (f) | ['bɔ'ð] |
| baleeira (bote salva-vidas) | jolle (f) | ['jʌlə] |
| bote (m) salva-vidas | redningsbåd (f) | ['ʁɛðneŋsˌbɔ'ð] |
| lancha (f) | motorbåd (f) | ['moːtʌˌbɔ'ð] |
| | | |
| capitão (m) | kaptajn (f) | [kɑp'tɑj'n] |
| marinheiro (m) | matros (f) | [ma'tʁo's] |
| marujo (m) | sømand (f) | ['søˌman'] |
| tripulação (f) | besætning (f) | [be'sɛtneŋ] |
| | | |
| contramestre (m) | bådsmand (f) | ['bɔðsˌman'] |
| grumete (m) | skibsdreng, jungmand (f) | ['skibsˌdʁaŋ'], ['joŋˌman'] |
| cozinheiro (m) de bordo | kok (f) | ['kʌk] |
| médico (m) de bordo | skibslæge (f) | ['skibsˌlɛːjə] |
| | | |
| convés (m) | dæk (i) | ['dɛk] |
| mastro (m) | mast (f) | ['mast] |
| vela (f) | sejl (i) | ['sɑj'l] |
| | | |
| porão (m) | lastrum (i) | ['lastˌʁɔm'] |
| proa (f) | bov (f) | ['bɒw'] |
| popa (f) | agterende (f) | ['ɑgtʌˌʁanə] |
| remo (m) | åre (f) | ['ɒːɒ] |
| hélice (f) | propel (f) | [pʁo'pɛl'] |
| | | |
| cabine (m) | kahyt (f) | [ka'hyt] |
| sala (f) dos oficiais | officersmesse (f) | [ʌfi'seɡsˌmɛsə] |
| sala (f) das máquinas | maskinrum (i) | [ma'skiːnˌʁɔm'] |
| ponte (m) de comando | kommandobro (f) | [kɒ'mandoˌbʁo'] |
| sala (f) de comunicações | radiorum (i) | ['ʁɑdjoˌʁɔm'] |
| onda (f) | bølge (f) | ['bøljə] |
| diário (m) de bordo | logbog (f) | ['lʌgˌbɔ'w] |
| luneta (f) | kikkert (f) | ['kikʌt] |
| sino (m) | klokke (f) | ['klʌkə] |

| bandeira (f) | flag (i) | ['flæ'j] |
| cabo (m) | trosse (f) | ['tʁʌsə] |
| nó (m) | knob (i) | ['knoʔb] |

| corrimão (m) | håndlister (pl) | ['hʌnˌlestʌ] |
| prancha (f) de embarque | landgang (f) | ['lanˌɡɑŋ'] |

| âncora (f) | anker (i) | ['ɑŋkʌ] |
| recolher a âncora | at lette anker | [ʌ 'lɛtə 'ɑŋkʌ] |
| jogar a âncora | at kaste anker | [ʌ 'kastə 'ɑŋkʌ] |
| amarra (corrente de âncora) | ankerkæde (f) | ['ɑŋkʌˌkɛ:ðə] |

| porto (m) | havn (f) | ['hɑwʔn] |
| cais, amarradouro (m) | kaj (f) | ['kɑjʔ] |
| atracar (vi) | at fortøje | [ʌ fʌ'tʌjʔə] |
| desatracar (vi) | at kaste los | [ʌ 'kastə 'lʌs] |

| viagem (f) | rejse (f) | ['ʁɑjsə] |
| cruzeiro (m) | krydstogt (i) | ['kʁysˌtʌgt] |
| rumo (m) | kurs (f) | ['kuɐ̯'s] |
| itinerário (m) | rute (f) | ['ʁu:tə] |

| canal (m) de navegação | sejlrende (f) | ['sɑjlˌʁanə] |
| banco (m) de areia | grund (f) | ['ɡʁɔn'] |
| encalhar (vt) | at gå på grund | [ʌ 'ɡɔʔ pɔ 'ɡʁɔn'] |

| tempestade (f) | storm (f) | ['stɒʔm] |
| sinal (m) | signal (i) | [si'næ'l] |
| afundar-se (vr) | at synke | [ʌ 'søŋkə] |
| Homem ao mar! | Mand over bord! | ['man' 'ɒwʌ ˌbo'ɐ̯] |
| SOS | SOS | [ɛso'ɛs] |
| boia (f) salva-vidas | redningskrans (f) | ['ʁɛðneŋsˌkʁɑn's] |

# CIDADE

## 27. Transportes urbanos

| | | |
|---|---|---|
| ônibus (m) | bus (f) | ['bus] |
| bonde (m) elétrico | sporvogn (f) | ['spoɡ̊ˌvɒwˀn] |
| trólebus (m) | trolleybus (f) | ['tʁʌliˌbus] |
| rota (f), itinerário (m) | rute (f) | ['ʁuːtə] |
| número (m) | nummer (i) | ['nɔmˀʌ] |
| | | |
| ir de ... (carro, etc.) | at køre på ... | [ʌ 'køːʌ 'pɔˀ ...] |
| entrar no ... | at stå på ... | [ʌ stɔˀ 'pɔˀ ...] |
| descer do ... | at stå af ... | [ʌ stɔˀ 'æˀ ...] |
| | | |
| parada (f) | stop, stoppested (i) | ['stʌp], ['stʌpəstɛð] |
| próxima parada (f) | næste station (f) | ['nɛstə staˈɕoˀn] |
| terminal (m) | endestation (f) | ['ɛnəstaˈɕoˀn] |
| horário (m) | køreplan (f) | ['køːʌˌplæˀn] |
| esperar (vt) | at vente | [ʌ 'vɛntə] |
| | | |
| passagem (f) | billet (f) | [biˈlɛt] |
| tarifa (f) | billetpris (f) | [biˈlɛtˌpʁiˀs] |
| | | |
| bilheteiro (m) | kasserer (f) | [kaˈseˀʌ] |
| controle (m) de passagens | billetkontrol (f) | [biˈlɛt kɔnˈtʁʌlˀ] |
| revisor (m) | kontrollør (f) | [kʌntʁoˈløˀɡ̊] |
| | | |
| atrasar-se (vr) | at komme for sent | [ʌ 'kʌmə fʌ 'seˀnt] |
| perder (o autocarro, etc.) | at komme for sent til ... | [ʌ 'kʌmə fʌ 'seˀnt tel ...] |
| estar com pressa | at skynde sig | [ʌ 'skønə saj] |
| | | |
| táxi (m) | taxi (f) | ['tɑksi] |
| taxista (m) | taxichauffør (f) | ['tɑksi ɕoˈføˀɡ̊] |
| de táxi (ir ~) | i taxi | [i 'tɑksi] |
| ponto (m) de táxis | taxiholdeplads (f) | ['tɑksi 'hʌləˌplas] |
| chamar um táxi | at bestille en taxi | [ʌ beˈstelˀə en 'tɑksi] |
| pegar um táxi | at tage en taxi | [ʌ 'tæˀ en 'tɑksi] |
| | | |
| tráfego (m) | trafik (f) | [tʁɑˈfik] |
| engarrafamento (m) | trafikprop (f) | [tʁɑˈfikˌpʁʌp] |
| horas (f pl) de pico | myldretid (f) | ['mylʁʌˌtiðˀ] |
| estacionar (vi) | at parkere | [ʌ pɑˈkeˀʌ] |
| estacionar (vt) | at parkere | [ʌ pɑˈkeˀʌ] |
| parque (m) de estacionamento | parkeringsplads (f) | [pɑˈkeˀɡ̊eŋsˌplas] |
| | | |
| metrô (m) | metro (f) | ['meːtʁo] |
| estação (f) | station (f) | [staˈɕoˀn] |
| ir de metrô | at køre med metroen | [ʌ 'køːʌ mɛ 'metʁoːən] |
| trem (m) | tog (i) | ['tɔˀw] |
| estação (f) de trem | banegård (f) | ['bæːnəˌgɔˀ] |

## 28. Cidade. Vida na cidade

| | | |
|---|---|---|
| cidade (f) | by (f) | ['by'] |
| capital (f) | hovedstad (f) | ['ho:əð‚stað] |
| aldeia (f) | landsby (f) | ['lans‚by'] |
| mapa (m) da cidade | bykort (i) | ['by‚kɒ:t] |
| centro (m) da cidade | centrum (i) af byen | ['sɛntʁɔm a 'byən] |
| subúrbio (m) | forstad (f) | ['fɒ:‚stað] |
| suburbano (adj) | forstads- | ['fɒ:‚staðs-] |
| periferia (f) | udkant (f) | ['uð‚kan't] |
| arredores (m pl) | omegne (f pl) | ['ʌm‚aj'nə] |
| quarteirão (m) | kvarter (i) | [kvɑ'te'ɐ̯] |
| quarteirão (m) residencial | boligkvarter (i) | ['bo:likvɑ'te'ɐ̯] |
| tráfego (m) | trafik (f) | [tʁɑ'fik] |
| semáforo (m) | trafiklys (i) | [tʁɑ'fik‚ly's] |
| transporte (m) público | offentlig transport (f) | ['ʌfəntli tʁɑns'pɒ:t] |
| cruzamento (m) | kryds (i, f) | ['kʁys] |
| faixa (f) | fodgængerovergang (f) | ['foðgɛŋʌ 'ɒwʌ‚gaŋ'] |
| túnel (m) subterrâneo | gangtunnel (f) | ['gaŋtu‚nɛl'] |
| cruzar, atravessar (vt) | at gå over | [ʌ gɔ' 'ɒw'ʌ] |
| pedestre (m) | fodgænger (f) | ['foð‚gɛŋʌ] |
| calçada (f) | fortov (i) | ['fɒ:‚tɒw] |
| ponte (f) | bro (f) | ['bʁo'] |
| margem (f) do rio | kaj (f) | ['kaj'] |
| fonte (f) | springvand (i) | ['spʁɛŋ‚van'] |
| alameda (f) | alle (f) | [a'le'] |
| parque (m) | park (f) | ['pɑ:k] |
| bulevar (m) | boulevard (f) | [bulə'vɑ'd] |
| praça (f) | torv (i) | ['tɒ'w] |
| avenida (f) | avenue (f) | [avə'ny] |
| rua (f) | gade (f) | ['gæː‚ðə] |
| travessa (f) | sidegade (f) | ['si:ðə‚gæː‚ðə] |
| beco (m) sem saída | blindgyde (f) | ['blen'‚gy:ðə] |
| casa (f) | hus (i) | ['hu's] |
| edifício, prédio (m) | bygning (f) | ['bygnəŋ] |
| arranha-céu (m) | skyskraber (f) | ['sky‚skʁɑ:bʌ] |
| fachada (f) | facade (f) | [fa'sæː‚ðə] |
| telhado (m) | tag (i) | ['tæ'j] |
| janela (f) | vindue (i) | ['vendu] |
| arco (m) | bue (f) | ['bu:ə] |
| coluna (f) | søjle (f) | ['sʌjlə] |
| esquina (f) | hjørne (i) | ['jœɐ̯'nə] |
| vitrine (f) | udstillingsvindue (i) | ['uð‚stel'eŋs 'vendu] |
| letreiro (m) | skilt (i) | ['skel't] |
| cartaz (do filme, etc.) | plakat (f) | [pla'kæ't] |
| cartaz (m) publicitário | reklameplakat (f) | [ʁɛ'klæː‚mə‚pla'kæ't] |

| | | |
|---|---|---|
| painel (m) publicitário | reklameskilt (i) | [ʁɛ'klæːməˌskelˀt] |
| lixo (m) | affald (i) | ['ɑwˌfalˀ] |
| lata (f) de lixo | skraldespand (f) | ['skʁɑləˌspanˀ] |
| jogar lixo na rua | at smide affald | [ʌ 'smiːðə 'ɑwˌfalˀ] |
| aterro (m) sanitário | losseplads (f) | ['lʌsəˌplas] |
| orelhão (m) | telefonboks (f) | [teləˈfoːnˌbʌks] |
| poste (m) de luz | lygtepæl (f) | ['løgtəˌpɛˀl] |
| banco (m) | bænk (f) | ['bɛŋˀk] |
| polícia (m) | politibetjent (f) | [poli'ti be'tjɛnˀt] |
| polícia (instituição) | politi (i) | [poli'tiˀ] |
| mendigo, pedinte (m) | tigger (f) | ['tegʌ] |
| desabrigado (m) | hjemløs (f) | ['jɛmˌløˀs] |

## 29. Instituições urbanas

| | | |
|---|---|---|
| loja (f) | forretning (f), butik (f) | [fʌ'ʁatneŋ], [bu'tik] |
| drogaria (f) | apotek (i) | [ɑpo'teˀk] |
| ótica (f) | optik (f) | [ʌp'tik] |
| centro (m) comercial | indkøbscenter (i) | ['enˌkøˀbs ˌsɛnˀtʌ] |
| supermercado (m) | supermarked (i) | ['suˀpʌˌmɑːkəð] |
| padaria (f) | bageri (i) | [bæjʌ'ʁiˀ] |
| padeiro (m) | bager (f) | ['bæːjʌ] |
| pastelaria (f) | konditori (i) | [kʌnditʌ'ʁiˀ] |
| mercearia (f) | købmandsbutik (f) | ['kømans bu'tik] |
| açougue (m) | slagterbutik (f) | ['slagtʌ bu'tik] |
| fruteira (f) | grønthandel (f) | ['gʁœntˌhanˀəl] |
| mercado (m) | marked (i) | ['mɑːkəð] |
| cafeteria (f) | cafe, kaffebar (f) | [ka'feˀ], ['kɑfəˌbɑˀ] |
| restaurante (m) | restaurant (f) | [ʁɛsto'ʁɑŋ] |
| bar (m) | ølstue (f) | ['ølˌstuːə] |
| pizzaria (f) | pizzeria (i) | [pidsə'ʁiːa] |
| salão (m) de cabeleireiro | frisørsalon (f) | [fʁi'søɐ̯ saˌlʌŋ] |
| agência (f) dos correios | postkontor (i) | ['pʌst kɔn'toˀɐ̯] |
| lavanderia (f) | renseri (i) | [ʁansʌ'ʁiˀ] |
| estúdio (m) fotográfico | fotoatelier (i) | ['foto atəl'je] |
| sapataria (f) | skotøjsforretning (f) | ['skoˌtʌjs fʌ'ʁatneŋ] |
| livraria (f) | boghandel (f) | ['bɔwˌhanˀəl] |
| loja (f) de artigos esportivos | sportsforretning (f) | ['spɒːts fʌ'ʁatneŋ] |
| costureira (m) | reparation (f) af tøj | [ʁɛpʁɑ'ɕoˀn a 'tʌj] |
| aluguel (m) de roupa | udlejning (f) af tøj | ['uðˌlɑjˀneŋ a 'tʌj] |
| videolocadora (f) | filmleje (f) | ['filmˌlɑjə] |
| circo (m) | cirkus (i) | ['sig̊kus] |
| jardim (m) zoológico | zoologisk have (f) | [soo'loˀisk 'hæːvə] |
| cinema (m) | biograf (f) | [bio'gʁɑˀf] |
| museu (m) | museum (i) | [mu'sɛːɔm] |

| biblioteca (f) | bibliotek (i) | [biblio'te'k] |
| teatro (m) | teater (i) | [te'æ'tʌ] |
| ópera (f) | opera (f) | ['oʔpɐʁɑ] |
| boate (casa noturna) | natklub (f) | ['natˌklub] |
| cassino (m) | kasino (i) | [ka'si:no] |

| mesquita (f) | moske (f) | [mo'ske'] |
| sinagoga (f) | synagoge (f) | [syna'go:ə] |
| catedral (f) | katedral (f) | [katə'dʁɑ'l] |
| templo (m) | tempel (i) | ['tɛmʔpəl] |
| igreja (f) | kirke (f) | ['kiɐ̯kə] |

| faculdade (f) | institut (i) | [ensdi'tut] |
| universidade (f) | universitet (i) | [univæɐ̯si'te't] |
| escola (f) | skole (f) | ['sko:lə] |

| prefeitura (f) | præfektur (i) | [pʁɛfɛk'tuɐ̯'] |
| câmara (f) municipal | rådhus (i) | ['ʁɔðˌhu's] |
| hotel (m) | hotel (i) | [ho'tɛl'] |
| banco (m) | bank (f) | ['baŋ'k] |

| embaixada (f) | ambassade (f) | [amba'sæ:ðə] |
| agência (f) de viagens | rejsebureau (i) | ['ʁajsə byˌʁo] |
| agência (f) de informações | informationskontor (i) | [enfoma'cons kɔn'to'ɐ̯] |
| casa (f) de câmbio | vekselkontor (i) | ['vɛksəl kɔn'to'ɐ̯] |

| metrô (m) | metro (f) | ['me:tʁo] |
| hospital (m) | sygehus (i) | ['sy:əˌhu's] |

| posto (m) de gasolina | tankstation (f) | ['taŋk sta'ɕʔon] |
| parque (m) de estacionamento | parkeringsplads (f) | [pɑ'keʔɡɐŋsˌplas] |

## 30. Sinais

| letreiro (m) | skilt (i) | ['skel'd] |
| aviso (m) | indskrift (f) | ['enˌskʁɛft] |
| cartaz, pôster (m) | poster (f) | ['pɔwstʌ] |
| placa (f) de direção | vejviser (f) | ['vajˌvi:sʌ] |
| seta (f) | pil (f) | ['pi'l] |

| aviso (advertência) | advarsel (f) | ['aðˌvɑ:səl] |
| sinal (m) de aviso | advarselsskilt (i) | ['aðˌvɑ:səls 'skel't] |
| avisar, advertir (vt) | at advare | [ʌ 'aðˌvɑʔɑ] |

| dia (m) de folga | fridag (f) | ['fʁidæ'] |
| horário (~ dos trens, etc.) | køreplan (f) | ['kø:ʌˌplæ'n] |
| horário (m) | åbningstid (f) | ['ɔ:bneŋsˌtið'] |

| BEM-VINDOS! | VELKOMMEN! | ['vɛlˌkʌmʔən] |
| ENTRADA | INDGANG | ['enˌgaŋ'] |
| SAÍDA | UDGANG | ['uðˌgaŋ'] |

| EMPURRE | TRYK | ['tʁœk] |
| PUXE | TRÆK | ['tʁak] |

| ABERTO | ÅBENT | ['ɔ:bənt] |
| FECHADO | LUKKET | ['lɔkəð] |

| MULHER | KVINDE | ['kvenə] |
| HOMEM | MAND | ['manˀ] |

| DESCONTOS | RABAT | [ʁɑ'bat] |
| SALDOS, PROMOÇÃO | UDSALG | ['uðˌsalˀ] |
| NOVIDADE! | NYHED! | ['nyheðˀ] |
| GRÁTIS | GRATIS | ['gʁɑ:tis] |

| ATENÇÃO! | PAS PÅ! | ['pas 'pɔ] |
| NÃO HÁ VAGAS | INGEN LEDIGE VÆRELSER | ['eŋən 'le:ðiə 'væɐ̯ʌlsʌ] |
| RESERVADO | RESERVERET | [ʁɛsæɐ̯'veˀʌð] |

| ADMINISTRAÇÃO | ADMINISTRATION | [aðministʁɑ'ɕoˀn] |
| SOMENTE PESSOAL AUTORIZADO | KUN FOR PERSONALE | ['kɔn fʌ pæɐ̯so'næ:lə] |

| CUIDADO CÃO FEROZ | HER VOGTER JEG | ['hɛˀɐ̯ 'vʌgtʌ 'jaj] |
| PROIBIDO FUMAR! | RYGNING FORBUDT | ['ʁy:neŋ fʌ'byˀð] |
| NÃO TOCAR | MÅ IKKE BERØRES! | [mɔ 'ekə be'ʁœˀʌs] |

| PERIGOSO | FARLIG | ['fɑ:li] |
| PERIGO | FARE | ['fɑ:ɑ] |
| ALTA TENSÃO | HØJSPÆNDING | ['hʌjˌspɛneŋ] |
| PROIBIDO NADAR | BADNING FORBUDT | ['bæ:ðneŋ fʌ'byˀð] |
| COM DEFEITO | UDE AF DRIFT | ['u:ðə a 'dʁɛft] |

| INFLAMÁVEL | BRANDFARLIG | ['bʁanˌfɑ:li] |
| PROIBIDO | FORBUDT | [fʌ'byˀt] |
| ENTRADA PROIBIDA | ADGANG FORBUDT | ['aðˌgɑŋˀ fʌ'byˀð] |
| CUIDADO TINTA FRESCA | NYMALET | ['nyˌmæˀləð] |

## 31. Compras

| comprar (vt) | at købe | [ʌ 'kø:bə] |
| compra (f) | indkøb (i) | ['enˌkøˀb] |
| fazer compras | at gå på indkøb | [ʌ gɔˀ pɔ 'enˌkøˀb] |
| compras (f pl) | shopping (f) | ['ɕʌpeŋ] |

| estar aberta (loja) | at være åben | [ʌ 'vɛ:ʌ 'ɔ:bən] |
| estar fechada | at være lukket | [ʌ 'vɛ:ʌ 'lɔkəð] |

| calçado (m) | sko (f) | ['skoˀ] |
| roupa (f) | klæder (i pl) | ['klɛ:ðʌ] |
| cosméticos (m pl) | kosmetik (f) | [kʌsmə'tik] |
| alimentos (m pl) | madvarer (f pl) | ['maðvɑ:ʌ] |
| presente (m) | gave (f) | ['gæ:və] |

| vendedor (m) | sælger (f) | ['sɛljʌ] |
| vendedora (f) | sælger (f) | ['sɛljʌ] |
| caixa (f) | kasse (f) | ['kasə] |

| | | |
|---|---|---|
| espelho (m) | **spejl** (i) | ['spɑjˀl] |
| balcão (m) | **disk** (f) | ['disk] |
| provador (m) | **prøverum** (i) | ['pʁœ:wə͵ʁɔmˀ] |

| | | |
|---|---|---|
| provar (vt) | **at prøve** | [ʌ 'pʁœ:wə] |
| servir (roupa, caber) | **at passe** | [ʌ 'pasə] |
| gostar (apreciar) | **at kunne lide** | [ʌ 'kunə 'li:ðə] |

| | | |
|---|---|---|
| preço (m) | **pris** (f) | ['pʁiˀs] |
| etiqueta (f) de preço | **prismærke** (i) | ['pʁis͵mæɐ̯kə] |
| custar (vt) | **at koste** | [ʌ 'kʌstə] |
| Quanto? | **Hvor meget?** | [vɒˀ 'mɑɑð] |
| desconto (m) | **rabat** (f) | [ʁɑ'bat] |

| | | |
|---|---|---|
| não caro (adj) | **billig** | ['bili] |
| barato (adj) | **billig** | ['bili] |
| caro (adj) | **dyr** | ['dyɐ̯ˀ] |
| É caro | **Det er dyrt** | [de 'æɐ̯ 'dyɐ̯ˀt] |

| | | |
|---|---|---|
| aluguel (m) | **leje** (f) | ['lɑjə] |
| alugar (roupas, etc.) | **at leje** | [ʌ 'lɑjə] |
| crédito (m) | **kredit** (f) | [kʁɛ'dit] |
| a crédito | **på kredit** | [pɔ kʁɛ'dit] |

# VESTUÁRIO & ACESSÓRIOS

## 32. Roupa exterior. Casacos

| | | |
|---|---|---|
| roupa (f) | tøj (i), klæder (i pl) | ['tʌj], ['klɛ:ðʌ] |
| roupa (f) exterior | overtøj (i) | ['ɒwʌˌtʌj] |
| roupa (f) de inverno | vintertøj (i) | ['ventʌˌtʌj] |
| | | |
| sobretudo (m) | frakke (f) | ['fʁakə] |
| casaco (m) de pele | pels (f), pelskåbe (f) | ['pɛl's], ['pɛlsˌkɔ:bə] |
| jaqueta (f) de pele | pelsjakke (f) | ['pɛlsˌjakə] |
| casaco (m) acolchoado | dynejakke (f) | ['dy:nəˌjakə] |
| | | |
| casaco (m), jaqueta (f) | jakke (f) | ['jakə] |
| impermeável (m) | regnfrakke (f) | ['ʁajnˌfʁakə] |
| a prova d'água | vandtæt | ['vanˌtɛt] |

## 33. Vestuário de homem & mulher

| | | |
|---|---|---|
| camisa (f) | skjorte (f) | ['skjoɐtə] |
| calça (f) | bukser (pl) | ['bɔksʌ] |
| jeans (m) | jeans (pl) | ['dji:ns] |
| paletó, terno (m) | jakke (f) | ['jakə] |
| terno (m) | jakkesæt (i) | ['jakəˌsɛt] |
| | | |
| vestido (ex. ~ de noiva) | kjole (f) | ['kjo:lə] |
| saia (f) | nederdel (f) | ['neðʌˌde'l] |
| blusa (f) | bluse (f) | ['blu:sə] |
| casaco (m) de malha | strikket trøje (f) | ['stʁɛkəð 'tʁʌjə] |
| casaco, blazer (m) | blazer (f) | ['blɛjsʌ] |
| | | |
| camiseta (f) | t-shirt (f) | ['ti:ˌɕœ:t] |
| short (m) | shorts (pl) | ['ɕɒ:ts] |
| training (m) | træningsdragt (f) | ['tʁɛ:neŋsˌdʁagt] |
| roupão (m) de banho | badekåbe (f) | ['bæ:ðəˌkɔ:bə] |
| pijama (m) | pyjamas (f) | [py'jæ:mas] |
| | | |
| suéter (m) | sweater (f) | ['swɛtʌ] |
| pulôver (m) | pullover (f) | [pul'ɔwʌ] |
| | | |
| colete (m) | vest (f) | ['vɛst] |
| fraque (m) | kjolesæt (i) | ['kjo:ləˌsɛt] |
| smoking (m) | smoking (f) | ['smo:keŋ] |
| | | |
| uniforme (m) | uniform (f) | [uni'fɒ'm] |
| roupa (f) de trabalho | arbejdstøj (i) | ['a:bajdsˌtʌj] |
| macacão (m) | kedeldragt, overall (f) | ['keðəlˌdʁagt], ['ɒwɒˌɒ:l] |
| jaleco (m), bata (f) | kittel (f) | ['kitəl] |

## 34. Vestuário. Roupa interior

| | | |
|---|---|---|
| roupa (f) íntima | undertøj (i) | ['ɔnʌˌtʌj] |
| cueca boxer (f) | boxershorts (pl) | ['bʌgsʌˌɕɒːts] |
| calcinha (f) | trusser (pl) | ['tʁusʌ] |
| camiseta (f) | undertrøje (f) | ['ɔnʌˌtʁʌjə] |
| meias (f pl) | sokker (f pl) | ['sʌkʌ] |
| | | |
| camisola (f) | natkjole (f) | ['natˌkjoːlə] |
| sutiã (m) | bh (f), brystholder (f) | [be'hɔˀ], ['bʁœstˌhʌlˀʌ] |
| meias longas (f pl) | knæstrømper (f pl) | ['knɛˌstʁœmpʌ] |
| meias-calças (f pl) | strømpebukser (pl) | ['stʁœmbəˌbɔksʌ] |
| meias (~ de nylon) | strømper (f pl) | ['stʁœmpʌ] |
| maiô (m) | badedragt (f) | ['bæːðəˌdʁɑgt] |

## 35. Adereços de cabeça

| | | |
|---|---|---|
| chapéu (m), touca (f) | hue (f) | ['huːə] |
| chapéu (m) de feltro | hat (f) | ['hat] |
| boné (m) de beisebol | baseballkasket (f) | ['bɛjsˌbɒːl ka'skɛt] |
| boina (~ italiana) | kasket (f) | [ka'skɛt] |
| | | |
| boina (ex. ~ basca) | baskerhue (f) | ['bɑːskʌˌhuːə] |
| capuz (m) | hætte (f) | ['hɛtə] |
| chapéu panamá (m) | panamahat (f) | ['panˀamaˌhat] |
| touca (f) | strikhue (f) | ['stʁɛkˌhuə] |
| | | |
| lenço (m) | tørklæde (i) | ['tœɐ̯ˌklɛːðə] |
| chapéu (m) feminino | hat (f) | ['hat] |
| | | |
| capacete (m) de proteção | hjelm (f) | ['jɛlˀm] |
| bibico (m) | skråhue (f) | ['skʁʌˌhuːə] |
| capacete (m) | hjelm (f) | ['jɛlˀm] |
| | | |
| chapéu-coco (m) | bowlerhat (f) | ['bɔwlʌˌhat] |
| cartola (f) | høj hat (f) | ['hʌj 'hat] |

## 36. Calçado

| | | |
|---|---|---|
| calçado (m) | sko (f) | ['skoˀ] |
| botinas (f pl), sapatos (m pl) | støvler (f pl) | ['stœwlʌ] |
| sapatos (de salto alto, etc.) | damesko (f pl) | ['dæːməˌskoː] |
| botas (f pl) | støvler (f pl) | ['stœwlʌ] |
| pantufas (f pl) | hjemmesko (f pl) | ['jɛməˌskoˀ] |
| | | |
| tênis (~ Nike, etc.) | tennissko, kondisko (f pl) | ['tɛnisˌskoˀ], ['kʌndiˌskoˀ] |
| tênis (~ Converse) | kanvas sko (f pl) | ['kanvas ˌskoˀ] |
| sandálias (f pl) | sandaler (f pl) | [san'dæˀlʌ] |
| | | |
| sapateiro (m) | skomager (f) | ['skoˌmæˀjʌ] |
| salto (m) | hæl (f) | ['hɛˀl] |

| | | |
|---|---|---|
| par (m) | par (i) | ['pɑ] |
| cadarço (m) | snøre (f) | ['snœːʌ] |
| amarrar os cadarços | at snøre | [ʌ 'snœːʌ] |
| calçadeira (f) | skohorn (i) | ['skoˌhoɐ̯ˀn] |
| graxa (f) para calçado | skocreme (f) | ['skoˌkʁɛˀm] |

## 37. Acessórios pessoais

| | | |
|---|---|---|
| luva (f) | handsker (f pl) | ['hanskʌ] |
| mitenes (f pl) | vanter (f pl) | ['vanˀtʌ] |
| cachecol (m) | halstørklæde (i) | ['hals 'tœɐ̯ˌklɛːðə] |
| | | |
| óculos (m pl) | briller (pl) | ['bʁɛlʌ] |
| armação (f) | brillestel (i) | ['bʁɛləˌstɛlˀ] |
| guarda-chuva (m) | paraply (f) | [pɑɑ'plyˀ] |
| bengala (f) | stok (f) | ['stʌk] |
| escova (f) para o cabelo | hårbørste (f) | ['hɒˌbœɐ̯stə] |
| leque (m) | vifte (f) | ['veftə] |
| | | |
| gravata (f) | slips (i) | ['sleps] |
| gravata-borboleta (f) | butterfly (f) | ['bʌtʌˌflɑj] |
| suspensórios (m pl) | seler (f pl) | ['seːlʌ] |
| lenço (m) | lommetørklæde (i) | ['lʌməˌtœɐ̯klɛːðə] |
| | | |
| pente (m) | kam (f) | ['kɑmˀ] |
| fivela (f) para cabelo | hårspænde (i) | ['hɒːˌspɛnə] |
| grampo (m) | hårnål (f) | ['hɒːˌnɔˀl] |
| fivela (f) | spænde (i) | ['spɛnə] |
| | | |
| cinto (m) | bælte (i) | ['bɛltə] |
| alça (f) de ombro | rem (f) | ['ʁamˀ] |
| | | |
| bolsa (f) | taske (f) | ['taskə] |
| bolsa (feminina) | dametaske (f) | ['dæːmeːˌtaskə] |
| mochila (f) | rygsæk (f) | ['ʁœgˌsɛk] |

## 38. Vestuário. Diversos

| | | |
|---|---|---|
| moda (f) | mode (f) | ['moːðə] |
| na moda (adj) | moderigtig | ['moːðəˌʁɛgti] |
| estilista (m) | modedesigner (f) | ['moːðə de'sɑjnʌ] |
| | | |
| colarinho (m) | krave (f) | ['kʁɑːvə] |
| bolso (m) | lomme (f) | ['lʌmə] |
| de bolso | lomme- | ['lʌmə-] |
| manga (f) | ærme (i) | ['æɐ̯mə] |
| ganchinho (m) | strop (f) | ['stʁʌp] |
| bragueta (f) | gylp (f) | ['gylˀp] |
| | | |
| zíper (m) | lynlås (f) | ['lynˌlɔˀs] |
| colchete (m) | hægte, lukning (f) | ['hɛgtə], ['loknen] |
| botão (m) | knap (f) | ['knɑp] |

| | | |
|---|---|---|
| botoeira (casa de botão) | knaphul (i) | ['knɑpˌhɔl] |
| soltar-se (vr) | at falde af | [ʌ 'falə 'æ'] |

| | | |
|---|---|---|
| costurar (vi) | at sy | [ʌ sy'] |
| bordar (vt) | at brodere | [ʌ bʁo'de'ʌ] |
| bordado (m) | broderi (i) | [bʁodʌ'ʁi'] |
| agulha (f) | synål (f) | ['syˌnɔ'l] |
| fio, linha (f) | tråd (f) | ['tʁɔ'ð] |
| costura (f) | søm (f) | ['sœm'] |

| | | |
|---|---|---|
| sujar-se (vr) | at smudse sig til | [ʌ 'smusə sɑ 'tel] |
| mancha (f) | plet (f) | ['plɛt] |
| amarrotar-se (vr) | at blive krøllet | [ʌ 'bliːə 'kʁœləð] |
| rasgar (vt) | at rive | [ʌ 'ʁiːvə] |
| traça (f) | møl (i) | ['møl] |

## 39. Cuidados pessoais. Cosméticos

| | | |
|---|---|---|
| pasta (f) de dente | tandpasta (f) | ['tanˌpasta] |
| escova (f) de dente | tandbørste (f) | ['tanˌbœ̞stə] |
| escovar os dentes | at børste tænder | [ʌ 'bœ̞stə 'tɛnʌ] |

| | | |
|---|---|---|
| gilete (f) | skraber (f) | ['skʁɑːbʌ] |
| creme (m) de barbear | barbercreme (f) | [bɑ'be'ɡ̞ˌkʁɛ'm] |
| barbear-se (vr) | at barbere sig | [ʌ bɑ'be'ʌ sɑj] |

| | | |
|---|---|---|
| sabonete (m) | sæbe (f) | ['sɛːbə] |
| xampu (m) | shampoo (f) | ['ɕæːmˌpuː] |

| | | |
|---|---|---|
| tesoura (f) | saks (f) | ['sɑks] |
| lixa (f) de unhas | neglefil (f) | ['nɑjləˌfi'l] |
| corta-unhas (m) | neglesaks (f) | ['nɑjləˌsɑks] |
| pinça (f) | pincet (f) | [pen'sɛt] |

| | | |
|---|---|---|
| cosméticos (m pl) | kosmetik (f) | [kʌsmə'tik] |
| máscara (f) | ansigtsmaske (f) | ['ansegʦ 'maskə] |
| manicure (f) | manicure (f) | [mani'kyːʌ] |
| fazer as unhas | at få manicure | [ʌ 'fɔ' mani'kyːʌ] |
| pedicure (f) | pedicure (f) | [pedi'kyːʌ] |

| | | |
|---|---|---|
| bolsa (f) de maquiagem | kosmetiktaske (f) | [kʌsmə'tikˌtaskə] |
| pó (de arroz) | pudder (i) | ['puð'ʌ] |
| pó (m) compacto | pudderdåse (f) | ['puðʌˌdɔːsə] |
| blush (m) | rouge (f) | ['ʁuːɕ] |

| | | |
|---|---|---|
| perfume (m) | parfume (f) | [pɑ'fyːmə] |
| água-de-colônia (f) | eau de toilette (f) | [ˌodətoɑ'lɛt] |
| loção (f) | lotion (f) | ['lɔwɕən] |
| colônia (f) | eau de cologne (f) | [odəko'lʌnjə] |

| | | |
|---|---|---|
| sombra (f) de olhos | øjenskygge (f) | ['ʌjənˌskygə] |
| delineador (m) | eyeliner (f) | ['ɑːjˌlɑjnʌ] |
| máscara (f), rímel (m) | mascara (f) | [ma'skaːɑ] |
| batom (m) | læbestift (f) | ['lɛːbəˌsteft] |

| | | |
|---|---|---|
| esmalte (m) | neglelak (f) | ['najlə‚lɑk] |
| laquê (m), spray fixador (m) | hårspray (f) | ['hɒːˌspʁɛj] |
| desodorante (m) | deodorant (f) | [deodo'ʁɑnˀt] |
| creme (m) | creme (f) | ['kʁɛˀm] |
| creme (m) de rosto | ansigtscreme (f) | ['ansegʦ 'kʁɛˀm] |
| creme (m) de mãos | håndcreme (f) | ['hʌnˌkʁɛˀm] |
| creme (m) antirrugas | antirynke creme (f) | [antə'ʁœŋkə 'kʁɛˀm] |
| creme (m) de dia | dagcreme (f) | ['dɑwˌkʁɛˀm] |
| creme (m) de noite | natcreme (f) | ['natˌkʁɛˀm] |
| de dia | dag- | ['dɑw-] |
| da noite | nat- | ['nat-] |
| absorvente (m) interno | tampon (f) | [tɑm'pʌŋ] |
| papel (m) higiênico | toiletpapir (i) | [toa'lɛt pa'piɐ̯ˀ] |
| secador (m) de cabelo | hårtørrer (f) | ['hɒːˌtœɐ̯ʌ] |

## 40. Relógios de pulso. Relógios

| | | |
|---|---|---|
| relógio (m) de pulso | armbåndsur (i) | ['ɑːmbʌnsˌuɐ̯ˀ] |
| mostrador (m) | urskive (f) | ['uɐ̯ˌskiːvə] |
| ponteiro (m) | viser (f) | ['viːsʌ] |
| bracelete (em aço) | armbånd (i) | ['ɑːmˌbʌnˀ] |
| bracelete (em couro) | urrem (f) | ['uɐ̯ˌʁamˀ] |
| pilha (f) | batteri (i) | [batʌ'ʁiˀ] |
| acabar (vi) | at blive afladet | [ʌ 'bliːə 'awˌlæˀðəð] |
| trocar a pilha | at skifte et batteri | [ʌ 'skiftə et batʌ'ʁiˀ] |
| estar adiantado | at gå for hurtigt | [ʌ gɔˀ fʌ 'hoɐ̯tit] |
| estar atrasado | at gå for langsomt | [ʌ gɔˀ fʌ 'laŋˌsʌmt] |
| relógio (m) de parede | vægur (i) | ['vɛːgˌuɐ̯ˀ] |
| ampulheta (f) | timeglas (i) | ['tiːməˌglas] |
| relógio (m) de sol | solur (i) | ['soːlˌuɐ̯ˀ] |
| despertador (m) | vækkeur (i) | ['vɛkəˌuɐ̯ˀ] |
| relojoeiro (m) | urmager (f) | ['uɐ̯ˌmæˀjʌ] |
| reparar (vt) | at reparere | [ʌ ʁɛpə'ʁɛˀʌ] |

# EXPERIÊNCIA DO QUOTIDIANO

## 41. Dinheiro

| | | |
|---|---|---|
| dinheiro (m) | penge (pl) | ['pɛŋə] |
| câmbio (m) | veksling (f) | ['vɛksleŋ] |
| taxa (f) de câmbio | kurs (f) | ['kuɡ'ˀs] |
| caixa (m) eletrônico | pengeautomat (f) | ['pɛŋə awto'mæˀt] |
| moeda (f) | mønt (f) | ['mønˀt] |
| | | |
| dólar (m) | dollar (f) | ['dʌlʌ] |
| euro (m) | euro (f) | ['œwʁo] |
| | | |
| lira (f) | lire (f) | ['li:ʌ] |
| marco (m) | mark (f) | ['mɑːk] |
| franco (m) | franc (f) | ['fʁɑŋˀk] |
| libra (f) esterlina | engelske pund (i) | ['ɛŋˀəlskə punˀ] |
| iene (m) | yen (f) | ['jɛn] |
| | | |
| dívida (f) | gæld (f) | ['gɛlˀ] |
| devedor (m) | skyldner (f) | ['skylnʌ] |
| emprestar (vt) | at låne ud | [ʌ 'lɔ:nə ˌuð'] |
| pedir emprestado | at låne | [ʌ 'lɔ:nə] |
| | | |
| banco (m) | bank (f) | ['bɑŋˀk] |
| conta (f) | konto (f) | ['kʌnto] |
| depositar (vt) | at indsætte | [ʌ 'enˌsɛtə] |
| depositar na conta | at sætte ind på kontoen | [ʌ 'sɛtə 'enˀ pɔ 'kʌnto:ən] |
| sacar (vt) | at hæve fra kontoen | [ʌ 'hɛ:və fʁɑ 'kʌnto:ən] |
| | | |
| cartão (m) de crédito | kreditkort (i) | [kʁɛ'dit kɒːt] |
| dinheiro (m) vivo | kontanter (pl) | [kɔn'tanˀtʌ] |
| cheque (m) | check (f) | ['ɕɛk] |
| passar um cheque | at skrive en check | [ʌ 'skʁi:və en 'ɕɛk] |
| talão (m) de cheques | checkhæfte (i) | ['ɕɛkˌhɛftə] |
| | | |
| carteira (f) | tegnebog (f) | ['tɑjnəˌbɔˀw] |
| niqueleira (f) | pung (f) | ['pɔŋˀ] |
| cofre (m) | pengeskab (i) | ['pɛŋəˌskæˀb] |
| | | |
| herdeiro (m) | arving (f) | ['ɑːveŋ] |
| herança (f) | arv (f) | ['ɑˀw] |
| fortuna (riqueza) | formue (f) | ['fɔːˌmu:ə] |
| | | |
| arrendamento (m) | leje (f) | ['lɑjə] |
| aluguel (pagar o ~) | husleje (f) | ['husˌlɑjə] |
| alugar (vt) | at leje | [ʌ 'lɑjə] |
| | | |
| preço (m) | pris (f) | ['pʁiˀs] |
| custo (m) | omkostning (f) | ['ʌmˌkʌstneŋ] |

| soma (f) | sum (f) | ['sɔm'] |
| gastar (vt) | at bruge | [ʌ 'bʁu:ə] |
| gastos (m pl) | udgifter (f pl) | ['uð͜giftʌ] |
| economizar (vi) | at spare | [ʌ 'spɑ:ɑ] |
| econômico (adj) | sparsommelig | [spɑ'sʌm'əli] |

| pagar (vt) | at betale | [ʌ be'tæ'lə] |
| pagamento (m) | betaling (f) | [be'tæ'leŋ] |
| troco (m) | byttepenge (pl) | ['bytə͜pɛŋə] |

| imposto (m) | skat (f) | ['skat] |
| multa (f) | bøde (f) | ['bø:ðə] |
| multar (vt) | at give bødestraf | [ʌ 'giˀ 'bø:ðə͜stʁɑf] |

## 42. Correios. Serviço postal

| agência (f) dos correios | postkontor (i) | ['pʌst kɔn'to'ɐ̯] |
| correio (m) | post (f) | ['pʌst] |
| carteiro (m) | postbud (i) | ['pʌst͜buð] |
| horário (m) | åbningstid (f) | ['ɔ:bneŋs͜tið'] |

| carta (f) | brev (i) | ['bʁɛw'] |
| carta (f) registada | rekommanderet brev (i) | [ʁɛkɔman'de'ʌð 'bʁɛw'] |
| cartão (m) postal | postkort (i) | ['pʌst͜kɒ:t] |
| telegrama (m) | telegram (i) | [telə'gʁɑm'] |
| encomenda (f) | postpakke (f) | ['pʌst͜pɑkə] |
| transferência (f) de dinheiro | pengeoverførsel (f) | ['pɛŋə 'ɒwʌ͜føɐ̯'səl] |

| receber (vt) | at modtage | [ʌ 'moð͜tæ'] |
| enviar (vt) | at sende | [ʌ 'sɛnə] |
| envio (m) | afsendelse (f) | ['aw͜sɛn'əlsə] |
| endereço (m) | adresse (f) | [a'dʁɑsə] |
| código (m) postal | postnummer (i) | ['pʌst͜nɔm'ʌ] |
| remetente (m) | afsender (f) | ['aw͜sɛn'ʌ] |
| destinatário (m) | modtager (f) | ['moð͜tæ'jʌ] |

| nome (m) | fornavn (i) | ['fɒ:͜nɑw'n] |
| sobrenome (m) | efternavn (i) | ['ɛftʌ͜nɑw'n] |
| tarifa (f) | tarif (f) | [ta'ʁif] |
| ordinário (adj) | vanlig | ['væ'nli] |
| econômico (adj) | økonomisk | [øko'no'misk] |

| peso (m) | vægt (f) | ['vɛgt] |
| pesar (estabelecer o peso) | at veje | [ʌ 'vajə] |
| envelope (m) | konvolut, kuvert (f) | [kɔnvo'lut], [ku'væɐ̯t] |
| selo (m) postal | frimærke (i) | ['fʁi͜mæɐ̯kə] |
| colar o selo | at frankere | [ʌ fʁɑŋ'ke'ʌ] |

## 43. Banca

| banco (m) | bank (f) | ['baŋ'k] |
| balcão (f) | afdeling (f) | ['aw͜de'leŋ] |

| consultor (m) bancário | konsulent (f) | [kʌnsu'lɛnˀt] |
| gerente (m) | forretningsfører (f) | [fʌ'ʁatneŋsˌføːʌ] |

| conta (f) | bankkonto (f) | ['baŋˀkˌkʌnto] |
| número (m) da conta | kontonummer (i) | ['kʌntoˌnɔmˀʌ] |
| conta (f) corrente | checkkonto (f) | ['ɕɛkˌkʌnto] |
| conta (f) poupança | opsparingskonto (f) | ['ʌpˌspaˀeŋs ˌkʌnto] |

| abrir uma conta | at åbne en konto | [ʌ 'ɔːbnə en 'kʌnto] |
| fechar uma conta | at lukke kontoen | [ʌ 'lɔkə 'kʌntoːən] |
| depositar na conta | at sætte ind på kontoen | [ʌ 'sɛtə 'enˀ pɔ 'kʌntoːən] |
| sacar (vt) | at hæve fra kontoen | [ʌ 'hɛːvə fʁa 'kʌntoːən] |

| depósito (m) | indskud (i) | ['enˌskuð] |
| fazer um depósito | at indsætte | [ʌ 'enˌsɛtə] |
| transferência (f) bancária | overførelse (f) | ['ɒwʌˌføːʌlsə] |
| transferir (vt) | at overføre | [ʌ 'ɒwʌˌføˀʌ] |

| soma (f) | sum (f) | ['sɔmˀ] |
| Quanto? | Hvor meget? | [vɒˀ 'maɑð] |

| assinatura (f) | signatur, underskrift (f) | [sina'tuɡ̊ˀ], ['ɔnʌˌskʁɛft] |
| assinar (vt) | at underskrive | [ʌ 'ɔnʌˌskʁiˀvə] |

| cartão (m) de crédito | kreditkort (i) | [kʁɛ'dit kɒːt] |
| senha (f) | kode (f) | ['koːðə] |
| número (m) do cartão de crédito | kreditkortnummer (i) | [kʁɛ'dit kɒːt 'nɔmˀʌ] |
| caixa (m) eletrônico | pengeautomat (f) | ['pɛŋə awto'mæˀt] |

| cheque (m) | check (f) | ['ɕɛk] |
| passar um cheque | at skrive en check | [ʌ 'skʁiːvə en 'ɕɛk] |
| talão (m) de cheques | checkhæfte (i) | ['ɕɛkˌhɛftə] |

| empréstimo (m) | lån (i) | ['lɔˀn] |
| pedir um empréstimo | at ansøge om lån | [ʌ 'anˌsøːə ɒm 'lɔˀn] |
| obter empréstimo | at få et lån | [ʌ 'fɔˀ et 'lɔˀn] |
| dar um empréstimo | at yde et lån | [ʌ 'yːðə et 'lɔˀn] |
| garantia (f) | garanti (f) | [gaɑn'tiˀ] |

## 44. Telefone. Conversação telefônica

| telefone (m) | telefon (f) | [telə'foˀn] |
| celular (m) | mobiltelefon (f) | [mo'bil telə'foˀn] |
| secretária (f) eletrônica | telefonsvarer (f) | [telə'foːnˌsvaːa] |

| fazer uma chamada | at ringe | [ʌ 'ʁɛŋə] |
| chamada (f) | telefonsamtale (f) | [telə'foːn 'samˌtæːlə] |

| discar um número | at taste et nummer | [ʌ 'tastə et 'nɔmˀʌ] |
| Alô! | Hallo! | [ha'lo] |
| perguntar (vt) | at spørge | [ʌ 'spœɐ̯ʌ] |
| responder (vt) | at svare | [ʌ 'svaːa] |
| ouvir (vt) | at høre | [ʌ 'høːʌ] |

| bem | godt | ['gʌt] |
|---|---|---|
| mal | dårligt | ['dɒːlit] |
| ruído (m) | støj (f) | ['stʌjˀ] |

| fone (m) | telefonrør (i) | [teləˈfoːnˌʁɶˀɐ̯] |
|---|---|---|
| pegar o telefone | at tage telefonen | [ʌ 'tæˀ teləˈfoˀnən] |
| desligar (vi) | at lægge på | [ʌ 'lɛgə pɔˀ] |

| ocupado (adj) | optaget | ['ʌpˌtæˀj] |
|---|---|---|
| tocar (vi) | at ringe | [ʌ 'ʁɛŋə] |
| lista (f) telefônica | telefonbog (f) | [teləˈfoːnˌboˀw] |

| local (adj) | lokal- | [loˈkæl-] |
|---|---|---|
| chamada (f) local | lokalopkald (i) | [loˈkæˀl 'ʌpˌkalˀ] |
| de longa distância | fjern- | ['fjæɐ̯n-] |
| chamada (f) de longa distância | fjernopkald (i) | ['fjæɐ̯n 'ʌpˌkalˀ] |
| internacional (adj) | international | ['entʌnaɕoˌnæˀl] |
| chamada (f) internacional | internationalt opkald (i) | ['entʌnaɕoˌnæˀlt 'ʌpˌkalˀ] |

## 45. Telefone móvel

| celular (m) | mobiltelefon (f) | [moˈbil teləˈfoˀn] |
|---|---|---|
| tela (f) | skærm (f) | ['skæɐ̯ˀm] |
| botão (m) | knap (f) | ['knap] |
| cartão SIM (m) | SIM-kort (i) | ['semˌkɒːt] |

| bateria (f) | batteri (i) | [batʌˈʁiˀ] |
|---|---|---|
| descarregar-se (vr) | at blive afladet | [ʌ 'bliːə 'awˌlæˀðəð] |
| carregador (m) | oplader (f) | ['ʌplˌlæˀðʌ] |

| menu (m) | menu (f) | [meˈny] |
|---|---|---|
| configurações (f pl) | indstillinger (f pl) | ['enˌstelˀeŋʌ] |
| melodia (f) | melodi (f) | [meloˈdiˀ] |
| escolher (vt) | at vælge | [ʌ 'vɛljə] |

| calculadora (f) | lommeregner (f) | ['lʌməˌʁajnʌ] |
|---|---|---|
| correio (m) de voz | telefonsvarer (f) | [teləˈfoːnˌsvɑːɑ] |
| despertador (m) | vækkeur (i) | ['vɛkəˌuɐ̯ˀ] |
| contatos (m pl) | kontakter (f pl) | [kɔnˈtaktʌ] |

| mensagem (f) de texto | SMS (f) | [ɛsɛmˈɛs] |
|---|---|---|
| assinante (m) | abonnent (f) | [aboˈnɛnˀt] |

## 46. Estacionário

| caneta (f) | kuglepen (f) | ['kuːləˌpɛnˀ] |
|---|---|---|
| caneta (f) tinteiro | fyldepen (f) | ['fyləˌpɛnˀ] |

| lápis (m) | blyant (f) | ['blyːˌanˀt] |
|---|---|---|
| marcador (m) de texto | mærkepen (f) | [mɑˈkøɡˌpɛnˀ] |
| caneta (f) hidrográfica | tuschpen (f) | ['tuɕˌpɛnˀ] |

| | | |
|---|---|---|
| bloco (m) de notas | notesblok (f) | ['no:təs͵blʌk] |
| agenda (f) | dagbog (f) | ['dɑw͵bɔˀw] |
| | | |
| régua (f) | lineal (f) | [line'æˀl] |
| calculadora (f) | regnemaskine (f) | ['ʁɑjnə ma'ski:nə] |
| borracha (f) | viskelæder (i) | ['veskə͵lɛðˀʌ] |
| alfinete (m) | tegnestift (f) | ['tɑjnə͵steft] |
| clipe (m) | clips (i) | ['kleps] |
| | | |
| cola (f) | lim (f) | ['liˀm] |
| grampeador (m) | hæftemaskine (f) | ['hɛfta ma'ski:nə] |
| furador (m) de papel | hullemaskine (f) | ['hɔlə ma'ski:nə] |
| apontador (m) | blyantspidser (f) | ['bly:ant͵spesʌ] |

## 47. Línguas estrangeiras

| | | |
|---|---|---|
| língua (f) | sprog (i) | ['spʁɔˀw] |
| estrangeiro (adj) | fremmed- | ['fʁaməð-] |
| língua (f) estrangeira | fremmedsprog (i) | ['fʁaməð'spʁɔˀw] |
| estudar (vt) | at studere | [ʌ stu'deˀʌ] |
| aprender (vt) | at lære | [ʌ 'lɛ:ʌ] |
| | | |
| ler (vt) | at læse | [ʌ 'lɛ:sə] |
| falar (vi) | at tale | [ʌ 'tæ:lə] |
| entender (vt) | at forstå | [ʌ fʌ'stɔˀ] |
| escrever (vt) | at skrive | [ʌ 'skʁi:və] |
| | | |
| rapidamente | hurtigt | ['hoɡtit] |
| devagar, lentamente | langsomt | ['laŋ͵sʌmt] |
| fluentemente | flydende | ['fly:ðənə] |
| | | |
| regras (f pl) | regler (f pl) | ['ʁɛjlʌ] |
| gramática (f) | grammatik (f) | [gʁama'tik] |
| vocabulário (m) | ordforråd (i) | ['oɡfɒ͵ʁɔˀð] |
| fonética (f) | fonetik (f) | [fonə'tik] |
| | | |
| livro (m) didático | lærebog (f) | ['lɛ:ʌ͵bɔˀw] |
| dicionário (m) | ordbog (f) | ['oɡ͵bɔˀw] |
| manual (m) autodidático | lærebog (f) til selvstudium | ['lɛ:ʌ͵bɔˀw tel 'sɛl͵stuˀdjɔm] |
| guia (m) de conversação | parlør (f) | [pɑ'lœ:ɡ] |
| | | |
| fita (f) cassete | kassette (f) | [ka'sɛtə] |
| videoteipe (m) | videokassette (f) | ['viˀdjo ka'sɛtə] |
| CD (m) | cd (f) | [se'deˀ] |
| DVD (m) | dvd (f) | [deve'deˀ] |
| | | |
| alfabeto (m) | alfabet (i) | [alfa'beˀt] |
| soletrar (vt) | at stave | [ʌ 'stæ:və] |
| pronúncia (f) | udtale (f) | ['uð͵tæ:lə] |
| | | |
| sotaque (m) | accent (f) | [ɑk'saŋ] |
| com sotaque | med accent | [mɛ ɑk'saŋ] |
| sem sotaque | uden accent | ['uðən ɑk'saŋ] |
| palavra (f) | ord (i) | ['oˀɡ] |

| | | |
|---|---|---|
| sentido (m) | **betydning** (f) | [be'tyð'nen] |
| curso (m) | **kursus** (i) | ['kuʁsʌ] |
| inscrever-se (vr) | **at indmelde sig** | [ʌ 'enl,mɛl'ə saj] |
| professor (m) | **lærer** (f) | ['lɛ:ʌ] |
| | | |
| tradução (processo) | **oversættelse** (f) | ['ɒwʌˌsɛtəlsə] |
| tradução (texto) | **oversættelse** (f) | ['ɒwʌˌsɛtəlsə] |
| tradutor (m) | **oversætter** (f) | ['ɒwʌˌsɛtʌ] |
| intérprete (m) | **tolk** (f) | ['tʌl'k] |
| | | |
| poliglota (m) | **polyglot** (f) | [poly'glʌt] |
| memória (f) | **hukommelse** (f) | [hu'kʌm'əlsə] |

# REFEIÇÕES. RESTAURANTE

## 48. Por a mesa

| | | |
|---|---|---|
| colher (f) | ske (f) | ['skeʔ] |
| faca (f) | kniv (f) | ['kniwʔ] |
| garfo (m) | gaffel (f) | ['gɑfəl] |
| | | |
| xícara (f) | kop (f) | ['kʌp] |
| prato (m) | tallerken (f) | [ta'læɐ̞kən] |
| pires (m) | underkop (f) | ['ɔnʌˌkʌp] |
| guardanapo (m) | serviet (f) | [sæɐ̞vi'ɛt] |
| palito (m) | tandstikker (f) | ['tanˌstekʌ] |

## 49. Restaurante

| | | |
|---|---|---|
| restaurante (m) | restaurant (f) | [ʁɛsto'ʁɑŋ] |
| cafeteria (f) | cafe, kaffebar (f) | [ka'feʔ], ['kɑfəˌbɑʔ] |
| bar (m), cervejaria (f) | bar (f) | ['bɑʔ] |
| salão (m) de chá | tesalon (f) | ['teʔsa'lʌŋ] |
| | | |
| garçom (m) | tjener (f) | ['tjɛːnʌ] |
| garçonete (f) | servitrice (f) | [sæɐ̞vi'tʁiːsə] |
| barman (m) | bartender (f) | ['bɑːˌtɛndʌ] |
| | | |
| cardápio (m) | menu (f) | [me'ny] |
| lista (f) de vinhos | vinkort (i) | ['viːnˌkɔːt] |
| reservar uma mesa | at bestille et bord | [ʌ be'stelʔə ed 'boʔɐ̞] |
| | | |
| prato (m) | ret (f) | ['ʁat] |
| pedir (vt) | at bestille | [ʌ be'stelʔə] |
| fazer o pedido | at bestille | [ʌ be'stelʔə] |
| | | |
| aperitivo (m) | aperitif (f) | [apeɐ̞i'tif] |
| entrada (f) | forret (f) | ['foːʁat] |
| sobremesa (f) | dessert (f) | [de'sɛɐ̞ʔt] |
| | | |
| conta (f) | regning (f) | ['ʁɑjneŋ] |
| pagar a conta | at betale regningen | [ʌ be'tæʔlə 'ʁɑjneŋən] |
| dar o troco | at give tilbage | [ʌ 'giʔ te'bæːjə] |
| gorjeta (f) | drikkepenge (pl) | ['dʁɛkəˌpɛŋə] |

## 50. Refeições

| | | |
|---|---|---|
| comida (f) | mad (f) | ['mað] |
| comer (vt) | at spise | [ʌ 'spiːsə] |

| | | |
|---|---|---|
| café (m) da manhã | morgenmad (f) | ['mɒːɒnˌmað] |
| tomar café da manhã | at spise morgenmad | [ʌ 'spiːsə 'mɒːɒnˌmað] |
| almoço (m) | frokost (f) | ['fʁɔkʌst] |
| almoçar (vi) | at spise frokost | [ʌ 'spiːsə 'fʁɔkʌst] |
| jantar (m) | aftensmad (f) | ['ɑftənsˌmað] |
| jantar (vi) | at spise aftensmad | [ʌ 'spiːsə 'ɑftənsˌmað] |

| | | |
|---|---|---|
| apetite (m) | appetit (f) | [ɑpə'tit] |
| Bom apetite! | Velbekomme! | ['vɛlbə'kʌmˀə] |

| | | |
|---|---|---|
| abrir (~ uma lata, etc.) | at åbne | [ʌ 'ɔːbnə] |
| derramar (~ líquido) | at spilde | [ʌ 'spilə] |
| derramar-se (vr) | at spildes ud | [ʌ 'spiləs uðˀ] |

| | | |
|---|---|---|
| ferver (vi) | at koge | [ʌ 'kɔːwə] |
| ferver (vt) | at koge | [ʌ 'kɔːwə] |
| fervido (adj) | kogt | ['kʌgt] |
| esfriar (vt) | at afkøle | [ʌ 'ɑwˌkøˀlə] |
| esfriar-se (vr) | at afkøles | [ʌ 'ɑwˌkøˀləs] |

| | | |
|---|---|---|
| sabor, gosto (m) | smag (f) | ['smæˀj] |
| fim (m) de boca | bismag (f) | ['bismæˀj] |

| | | |
|---|---|---|
| emagrecer (vi) | at være på diæt | [ʌ 'vɛːʌ pɔˀ di'ɛˀt] |
| dieta (f) | diæt (f) | [di'ɛˀt] |
| vitamina (f) | vitamin (i) | [vita'miˀn] |
| caloria (f) | kalorie (f) | [ka'loɡˀjə] |
| vegetariano (m) | vegetar, vegetarianer (f) | [vegə'taˀj], [vegətai'æˀnʌ] |
| vegetariano (adj) | vegetarisk | [vegə'taˀisk] |

| | | |
|---|---|---|
| gorduras (f pl) | fedt (i) | ['fet] |
| proteínas (f pl) | proteiner (i pl) | [pʁotə'iˀnʌ] |
| carboidratos (m pl) | kulhydrater (i pl) | ['kɔlhyˌdʁɑˀdʌ] |
| fatia (~ de limão, etc.) | skive (f) | ['skiːvə] |
| pedaço (~ de bolo) | stykke (i) | ['støkə] |
| migalha (f), farelo (m) | krumme (f) | ['kʁɔmə] |

## 51. Pratos cozinhados

| | | |
|---|---|---|
| prato (m) | ret (f) | ['ʁat] |
| cozinha (~ portuguesa) | køkken (i) | ['køkən] |
| receita (f) | opskrift (f) | ['ʌpˌskʁɛft] |
| porção (f) | portion (f) | [pɒ'ɕoˀn] |

| | | |
|---|---|---|
| salada (f) | salat (f) | [sa'læˀt] |
| sopa (f) | suppe (f) | ['sɔpə] |

| | | |
|---|---|---|
| caldo (m) | bouillon (f) | [bul'jʌŋ] |
| sanduíche (m) | smørrebrød (i) | ['smœɡʌˌbʁœðˀ] |
| ovos (m pl) fritos | spejlæg (i) | ['spɑjlˌɛˀg] |

| | | |
|---|---|---|
| hambúrguer (m) | hamburger (f) | ['hæːmˌbœːgʌ] |
| bife (m) | bøf (f) | ['bøf] |
| acompanhamento (m) | tilbehør (i) | ['telbeˌhøˀɡ] |

| espaguete (m) | spaghetti (f) | [spa'gɛti] |
| purê (m) de batata | kartoffelmos (f) | [kɑ'tʌfəlˌmɔs] |
| pizza (f) | pizza (f) | ['pidsa] |
| mingau (m) | grød (f) | ['gʁœð'] |
| omelete (f) | omelet (f) | [omə'lɛt] |

| fervido (adj) | kogt | ['kʌgt] |
| defumado (adj) | røget | ['ʁʌjəð] |
| frito (adj) | stegt | ['stɛgt] |
| seco (adj) | tørret | ['tœɐ̯ʌð] |
| congelado (adj) | frossen | ['fʁɔsən] |
| em conserva (adj) | syltet | ['syltəð] |

| doce (adj) | sød | ['søð'] |
| salgado (adj) | saltet | ['saltəð] |
| frio (adj) | kold | ['kʌl'] |
| quente (adj) | hed, varm | ['heð'], ['vɑ'm] |
| amargo (adj) | bitter | ['betʌ] |
| gostoso (adj) | lækker | ['lɛkʌ] |

| cozinhar em água fervente | at koge | [ʌ 'kɔːwə] |
| preparar (vt) | at lave | [ʌ 'læːvə] |
| fritar (vt) | at stege | [ʌ 'stɑjə] |
| aquecer (vt) | at varme op | [ʌ 'vɑːmə ʌp] |

| salgar (vt) | at salte | [ʌ 'saltə] |
| apimentar (vt) | at pebre | [ʌ 'pewʁʌ] |
| ralar (vt) | at rive | [ʌ 'ʁiːvə] |
| casca (f) | skal, skræl (f) | ['skal'], ['skʁal'] |
| descascar (vt) | at skrælle | [ʌ 'skʁalə] |

## 52. Comida

| carne (f) | kød (i) | ['køð] |
| galinha (f) | høne (f) | ['hœːnə] |
| frango (m) | kylling (f) | ['kyleŋ] |
| pato (m) | and (f) | ['an'] |
| ganso (m) | gås (f) | ['gɔ's] |
| caça (f) | vildt (i) | ['vil't] |
| peru (m) | kalkun (f) | [kal'ku'n] |

| carne (f) de porco | flæsk (i) | ['flɛsk] |
| carne (f) de vitela | kalvekød (i) | ['kalvəˌkøð] |
| carne (f) de carneiro | lammekød (i) | ['laməˌkøð] |
| carne (f) de vaca | oksekød (i) | ['ʌksəˌkøð] |
| carne (f) de coelho | kanin (f) | [ka'ni'n] |

| linguiça (f), salsichão (m) | pølse (f) | ['pølsə] |
| salsicha (f) | wienerpølse (f) | ['viˀnʌˌpølsə] |
| bacon (m) | bacon (i, f) | ['bɛjkʌn] |
| presunto (m) | skinke (f) | ['skeŋkə] |
| pernil (m) de porco | skinke (f) | ['skeŋkə] |
| patê (m) | pate, paté (f) | [pa'te] |
| fígado (m) | lever (f) | ['lewˀʌ] |

| | | |
|---|---|---|
| guisado (m) | kødfars (f) | ['køðˌfaˀs] |
| língua (f) | tunge (f) | ['tɔŋə] |

| | | |
|---|---|---|
| ovo (m) | æg (i) | ['ɛˀg] |
| ovos (m pl) | æg (i pl) | ['ɛˀg] |
| clara (f) de ovo | hvide (f) | ['vi:ðə] |
| gema (f) de ovo | blomme (f) | ['blʌmə] |

| | | |
|---|---|---|
| peixe (m) | fisk (f) | ['fesk] |
| mariscos (m pl) | fisk og skaldyr | [fesk 'ɒw 'skaldyɐ̯ˀ] |
| crustáceos (m pl) | krebsdyr (i pl) | ['kʁabsˌdyɐ̯ˀ] |
| caviar (m) | kaviar (f) | ['kaviˌɑˀ] |

| | | |
|---|---|---|
| caranguejo (m) | krabbe (f) | ['kʁabə] |
| camarão (m) | reje (f) | ['ʁajə] |
| ostra (f) | østers (f) | ['østʌs] |
| lagosta (f) | languster (f) | [laŋ'gustʌ] |
| polvo (m) | blæksprutte (f) | ['blɛkˌspʁutə] |
| lula (f) | blæksprutte (f) | ['blɛkˌspʁutə] |

| | | |
|---|---|---|
| esturjão (m) | stør (f) | ['stø̯ˀɐ̯] |
| salmão (m) | laks (f) | ['laks] |
| halibute (m) | helleflynder (f) | ['hɛləˌfløn̩ʌ] |

| | | |
|---|---|---|
| bacalhau (m) | torsk (f) | ['tɒ:sk] |
| cavala, sarda (f) | makrel (f) | [ma'kʁalˀ] |
| atum (m) | tunfisk (f) | ['tu:nˌfesk] |
| enguia (f) | ål (f) | ['ɔˀl] |

| | | |
|---|---|---|
| truta (f) | ørred (f) | ['œ̯ɐ̯ʌð] |
| sardinha (f) | sardin (f) | [sa'diˀn] |
| lúcio (m) | gedde (f) | ['geðə] |
| arenque (m) | sild (f) | ['silˀ] |

| | | |
|---|---|---|
| pão (m) | brød (i) | ['bʁœð] |
| queijo (m) | ost (f) | ['ɔst] |
| açúcar (m) | sukker (i) | ['sɔkʌ] |
| sal (m) | salt (i) | ['salˀt] |

| | | |
|---|---|---|
| arroz (m) | ris (f) | ['ʁiˀs] |
| massas (f pl) | pasta (f) | ['pasta] |
| talharim, miojo (m) | nudler (f pl) | ['nuðˀlʌ] |

| | | |
|---|---|---|
| manteiga (f) | smør (i) | ['smœ̯ɐ̯] |
| óleo (m) vegetal | vegetabilsk olie (f) | [vegəta'biˀlsk 'oljə] |
| óleo (m) de girassol | solsikkeolie (f) | ['so:lˌsekə ˌoljə] |
| margarina (f) | margarine (f) | [maga'ʁi:nə] |

| | | |
|---|---|---|
| azeitonas (f pl) | oliven (f pl) | [o'liˀvən] |
| azeite (m) | olivenolie (f) | [o'liˀvənˌoljə] |

| | | |
|---|---|---|
| leite (m) | mælk (f) | ['mɛlˀk] |
| leite (m) condensado | kondenseret mælk (f) | [kʌndən'seˀʌð mɛlˀk] |
| iogurte (m) | yoghurt (f) | ['joˌguɐ̯ˀt] |
| creme (m) azedo | cremefraiche, | [kʁɛː'mˈfʁɛːɕ], |
| | syrnet fløde (f) | ['syɐ̯nəð 'flø:ðə] |

| | | |
|---|---|---|
| creme (m) de leite | fløde (f) | ['fløːðə] |
| maionese (f) | mayonnaise (f) | [majo'nɛːs] |
| creme (m) | creme (f) | ['kʁɛʔm] |
| | | |
| grãos (m pl) de cereais | gryn (i) | ['gʁyʔn] |
| farinha (f) | mel (i) | ['meʔl] |
| enlatados (m pl) | konserves (f) | [kɔn'sæɐ̯vəs] |
| | | |
| flocos (m pl) de milho | cornflakes (pl) | ['koɐ̯n,flɛks] |
| mel (m) | honning (f) | ['hʌneŋ] |
| geleia (m) | syltetøj (i) | ['syltə,tʌj] |
| chiclete (m) | tyggegummi (i) | ['tygə,gomi] |

## 53. Bebidas

| | | |
|---|---|---|
| água (f) | vand (i) | ['vanʔ] |
| água (f) potável | drikkevand (i) | ['dʁɛkə,vanʔ] |
| água (f) mineral | mineralvand (i) | [minə'ʁɑl,vanʔ] |
| | | |
| sem gás (adj) | uden brus | ['uðən 'bʁuʔs] |
| gaseificada (adj) | med kulsyre | [mɛ 'bʁuʔs] |
| com gás | med brus | [mɛ 'bʁuʔs] |
| gelo (m) | is (f) | ['iʔs] |
| com gelo | med is | [mɛ 'iʔs] |
| | | |
| não alcoólico (adj) | alkoholfri | ['alkohʌl,fʁiʔ] |
| refrigerante (m) | alkoholfri drik (f) | ['alkohʌl,fʁiʔ 'dʁɛk] |
| refresco (m) | læskedrik (f) | ['lɛskə,dʁɛk] |
| limonada (f) | limonade (f) | [limo'næːðə] |
| | | |
| bebidas (f pl) alcoólicas | alkoholiske drikke (f pl) | [alko'hoʔliskə 'dʁɛkə] |
| vinho (m) | vin (f) | ['viʔn] |
| vinho (m) branco | hvidvin (f) | ['við,viʔn] |
| vinho (m) tinto | rødvin (f) | ['ʁœð,viʔn] |
| | | |
| licor (m) | likør (f) | [li'køʔɐ̯] |
| champanhe (m) | champagne (f) | [çam'panjə] |
| vermute (m) | vermouth (f) | ['væɐ̯mut] |
| | | |
| uísque (m) | whisky (f) | ['wiski] |
| vodca (f) | vodka (f) | ['vʌdka] |
| gim (m) | gin (f) | ['djen] |
| conhaque (m) | cognac, konjak (f) | ['kʌnʔjɑg] |
| rum (m) | rom (f) | ['ʁʌmʔ] |
| | | |
| café (m) | kaffe (f) | ['kɑfə] |
| café (m) preto | sort kaffe (f) | ['soɐ̯t 'kɑfə] |
| café (m) com leite | kaffe (f) med mælk | ['kɑfə mɛ 'mɛlʔk] |
| cappuccino (m) | cappuccino (f) | [kɑpu'tji:no] |
| café (m) solúvel | pulverkaffe (f) | ['pʌlvʌ,kɑfə] |
| | | |
| leite (m) | mælk (f) | ['mɛlʔk] |
| coquetel (m) | cocktail (f) | ['kʌk,tɛjl] |
| batida (f), milkshake (m) | milkshake (f) | ['milk,çɛjk] |

| suco (m) | juice (f) | ['dʒu:s] |
| suco (m) de tomate | tomatjuice (f) | [to'mæːtˌdʒu:s] |
| suco (m) de laranja | appelsinjuice (f) | [apəl'si'n 'dʒu:s] |
| suco (m) fresco | friskpresset juice (f) | ['fʁɛskˌpʁasəð 'dʒu:s] |

| cerveja (f) | øl (i) | ['øl] |
| cerveja (f) clara | lyst øl (i) | ['lyst ˌøl] |
| cerveja (f) preta | mørkt øl (i) | ['mœ̞kt ˌøl] |

| chá (m) | te (f) | ['te'] |
| chá (m) preto | sort te (f) | ['so̞t ˌte'] |
| chá (m) verde | grøn te (f) | ['gʁœn' ˌte'] |

## 54. Vegetais

| vegetais (m pl) | grøntsager (pl) | ['gʁœntˌsæ'jʌ] |
| verdura (f) | grønt (i) | ['gʁœn't] |

| tomate (m) | tomat (f) | [to'mæ't] |
| pepino (m) | agurk (f) | [a'gu̞k] |
| cenoura (f) | gulerod (f) | ['guləˌʁo'ð] |
| batata (f) | kartoffel (f) | [ka'tʌfəl] |
| cebola (f) | løg (i) | ['lʌj'] |
| alho (m) | hvidløg (i) | ['viðˌlʌj'] |

| couve (f) | kål (f) | ['kɔ'l] |
| couve-flor (f) | blomkål (f) | ['blʌmˌkɔ'l] |
| couve-de-bruxelas (f) | rosenkål (f) | ['ʁo:sənˌkɔ'l] |
| brócolis (m pl) | broccoli (f) | ['bʁʌkoli] |

| beterraba (f) | rødbede (f) | [ʁœ̞ð'be:ðə] |
| berinjela (f) | aubergine (f) | [obæ̞'ɕi:n] |
| abobrinha (f) | squash, zucchini (f) | ['sgwʌɕ], [su'ki:ni] |

| abóbora (f) | græskar (i) | ['gʁaska] |
| nabo (m) | majroe (f) | ['majˌʁo:ə] |

| salsa (f) | persille (f) | [pæ̞'selə] |
| endro, aneto (m) | dild (f) | ['dil'] |
| alface (f) | salat (f) | [sa'læ't] |
| aipo (m) | selleri (f) | ['selʌˌʁi'] |

| aspargo (m) | asparges (f) | [a'spɑ's] |
| espinafre (m) | spinat (f) | [spi'næ't] |

| ervilha (f) | ærter (f pl) | ['æ̞'tʌ] |
| feijão (~ soja, etc.) | bønner (f pl) | ['bœnʌ] |

| milho (m) | majs (f) | ['maj's] |
| feijão (m) roxo | bønne (f) | ['bœnə] |

| pimentão (m) | peber (i, f) | ['pewʌ] |
| rabanete (m) | radiser (f pl) | [ʁa'disə] |
| alcachofra (f) | artiskok (f) | [ˌɑ:ti'skʌk] |

## 55. Frutos. Nozes

| | | |
|---|---|---|
| fruta (f) | frugt (f) | ['fʁɔgt] |
| maçã (f) | æble (i) | ['ɛʔblə] |
| pera (f) | pære (f) | ['pɛʔʌ] |
| limão (m) | citron (f) | [si'tʁoʔn] |
| laranja (f) | appelsin (f) | [ɑpəl'siʔn] |
| morango (m) | jordbær (i) | ['joɐ̯ˌbæɐ̯] |

| | | |
|---|---|---|
| tangerina (f) | mandarin (f) | [mandɑ'ʁiʔn] |
| ameixa (f) | blomme (f) | ['blʌmə] |
| pêssego (m) | fersken (f) | ['fæɐ̯skən] |
| damasco (m) | abrikos (f) | [abʁi'koʔs] |
| framboesa (f) | hindbær (i) | ['henˌbæɐ̯] |
| abacaxi (m) | ananas (f) | ['ananas] |

| | | |
|---|---|---|
| banana (f) | banan (f) | [ba'næʔn] |
| melancia (f) | vandmelon (f) | ['van me'loʔn] |
| uva (f) | drue (f) | ['dʁu:ə] |
| ginja (f) | kirsebær (i) | ['kiɐ̯səˌbæɐ̯] |
| cereja (f) | morel (f) | [mo'ʁalʔ] |
| melão (m) | melon (f) | [me'loʔn] |

| | | |
|---|---|---|
| toranja (f) | grapefrugt (f) | ['gʁɛjpˌfʁɔgt] |
| abacate (m) | avokado (f) | [avo'kæ:do] |
| mamão (m) | papaja (f) | [pa'pɑja] |
| manga (f) | mango (f) | ['mɑŋgo] |
| romã (f) | granatæble (i) | [gʁɑ'næʔtˌɛ:blə] |

| | | |
|---|---|---|
| groselha (f) vermelha | ribs (i, f) | ['ʁɛbs] |
| groselha (f) negra | solbær (i) | ['so:lˌbæɐ̯] |
| groselha (f) espinhosa | stikkelsbær (i) | ['stekəlsˌbæɐ̯] |
| mirtilo (m) | blåbær (i) | ['blɔʔˌbæɐ̯] |
| amora (f) silvestre | brombær (i) | ['bʁɔmˌbæɐ̯] |

| | | |
|---|---|---|
| passa (f) | rosin (f) | [ʁo'siʔn] |
| figo (m) | figen (f) | ['fi:ən] |
| tâmara (f) | daddel (f) | ['dað'əl] |

| | | |
|---|---|---|
| amendoim (m) | jordnød (f) | ['joɐ̯ˌnøðʔ] |
| amêndoa (f) | mandel (f) | ['manʔel] |
| noz (f) | valnød (f) | ['valˌnøðʔ] |
| avelã (f) | hasselnød (f) | ['hasəlˌnøðʔ] |
| coco (m) | kokosnød (f) | ['ko:kosˌnøðʔ] |
| pistaches (m pl) | pistacier (f pl) | [pi'stæ:ɕʌ] |

## 56. Pão. Bolaria

| | | |
|---|---|---|
| pastelaria (f) | konditorvarer (f pl) | [kʌn'ditʌˌvɑ:ɑ] |
| pão (m) | brød (i) | ['bʁɶðʔ] |
| biscoito (m), bolacha (f) | småkager (f pl) | ['smʌˌkæ:jʌ] |
| chocolate (m) | chokolade (f) | [ɕoko'læ:ðə] |
| de chocolate | chokolade- | [ɕoko'læ:ðə-] |

| | | |
|---|---|---|
| bala (f) | konfekt, karamel (f) | [kɔn'fɛkt], [kɑɑ'mɛl'] |
| doce (bolo pequeno) | kage (f) | ['kæːjə] |
| bolo (m) de aniversário | lagkage (f) | ['lɑwˌkæːjə] |
| torta (f) | pie (f) | ['pɑːj] |
| recheio (m) | fyld (i, f) | ['fyl'] |
| geleia (m) | syltetøj (i) | ['syltəˌtʌj] |
| marmelada (f) | marmelade (f) | [mɑmə'læːðə] |
| wafers (m pl) | vaffel (f) | ['vɑfəl] |
| sorvete (m) | is (f) | ['iˀs] |
| pudim (m) | budding (f) | ['buðeŋ] |

## 57. Especiarias

| | | |
|---|---|---|
| sal (m) | salt (i) | ['sal'ˀt] |
| salgado (adj) | saltet | ['saltəð] |
| salgar (vt) | at salte | [ʌ 'saltə] |
| pimenta-do-reino (f) | sort peber (i, f) | ['soɡt 'pewʌ] |
| pimenta (f) vermelha | rød peber (i, f) | ['ʁœð 'pewʌ] |
| mostarda (f) | sennep (f) | ['senʌp] |
| raiz-forte (f) | peberrod (f) | ['pewʌˌʁoˀð] |
| condimento (m) | krydderi (i) | [kʁyðʌ'ʁiˀ] |
| especiaria (f) | krydderi (i) | [kʁyðʌ'ʁiˀ] |
| molho (~ inglês) | sovs, sauce (f) | ['sɒwˀs] |
| vinagre (m) | eddike (f) | ['ɛðikə] |
| anis estrelado (m) | anis (f) | ['anis] |
| manjericão (m) | basilikum (f) | [ba'silˀikɔm] |
| cravo (m) | nellike (f) | ['nelˀekə] |
| gengibre (m) | ingefær (f) | ['eŋəˌfæɡ] |
| coentro (m) | koriander (f) | [kɒi'anˀdʌ] |
| canela (f) | kanel (i, f) | [ka'neˀl] |
| gergelim (m) | sesam (f) | ['seːsam] |
| folha (f) de louro | laurbærblad (i) | ['lɑwʌbæɡˌblað] |
| páprica (f) | paprika (f) | ['papʁika] |
| cominho (m) | kommen (f) | ['kʌmən] |
| açafrão (m) | safran (i, f) | [sa'fʁaˀn] |

# INFORMAÇÃO PESSOAL. FAMÍLIA

## 58. Informação pessoal. Formulários

| | | |
|---|---|---|
| nome (m) | navn (i) | ['nɑwˀn] |
| sobrenome (m) | efternavn (i) | ['ɛftʌˌnɑwˀn] |
| data (f) de nascimento | fødselsdato (f) | ['føsəlsˌdæ:to] |
| local (m) de nascimento | fødested (i) | ['fø:ðəˌstɛð] |
| nacionalidade (f) | nationalitet (f) | [naɕonali'teˀt] |
| lugar (m) de residência | bopæl (i) | ['boˌpɛˀl] |
| país (m) | land (i) | ['lanˀ] |
| profissão (f) | fag (i), profession (f) | ['fæˀj], [pʁofə'ɕoˀn] |
| sexo (m) | køn (i) | ['kœnˀ] |
| estatura (f) | højde (f) | ['hʌjˀdə] |
| peso (m) | vægt (f) | ['vɛgt] |

## 59. Membros da família. Parentes

| | | |
|---|---|---|
| mãe (f) | mor (f), moder (f) | ['moɡ̊], ['mo:ðʌ] |
| pai (m) | far (f), fader (f) | ['fɑ:], ['fæ:ðʌ] |
| filho (m) | søn (f) | ['sœn] |
| filha (f) | datter (f) | ['datʌ] |
| caçula (f) | yngste datter (f) | ['øŋˀstə 'datʌ] |
| caçula (m) | yngste søn (f) | ['øŋˀstə 'sœn] |
| filha (f) mais velha | ældste datter (f) | ['ɛlˀstə 'datʌ] |
| filho (m) mais velho | ældste søn (f) | ['ɛlˀstə sœn] |
| irmão (m) | bror (f) | ['bʁoɡ̊] |
| irmão (m) mais velho | storebror (f) | ['stoɡ̊ˌbʁoɡ̊] |
| irmão (m) mais novo | lillebror (f) | ['liləˌbʁoɡ̊] |
| irmã (f) | søster (f) | ['søstʌ] |
| irmã (f) mais velha | storesøster (f) | ['stoɡ̊ˌsøstʌ] |
| irmã (f) mais nova | lillesøster (f) | ['liləˌsøstʌ] |
| primo (m) | fætter (f) | ['fɛtʌ] |
| prima (f) | kusine (f) | [ku'si:nə] |
| mamãe (f) | mor (f) | ['moɡ̊] |
| papai (m) | papa, far (f) | ['papa], ['fɑ:] |
| pais (pl) | forældre (pl) | [fʌ'ɛlˀdʁʌ] |
| criança (f) | barn (i) | ['bɑˀn] |
| crianças (f pl) | børn (pl) | ['bœɡ̊ˀn] |
| avó (f) | bedstemor (f) | ['bɛstəˌmoɡ̊] |
| avô (m) | bedstefar (f) | ['bɛstəˌfɑ:] |
| neto (m) | barnebarn (i) | ['bɑ:nəˌbɑˀn] |

| neta (f) | barnebarn (i) | ['bɑ:nə‚bɑʔn] |
| netos (pl) | børnebørn (pl) | ['bœɐ̯nə‚bœɐ̯ʔn] |

| tio (m) | onkel (f) | ['ɔŋʔkəl] |
| tia (f) | tante (f) | ['tantə] |
| sobrinho (m) | nevø (f) | [ne'vø] |
| sobrinha (f) | niece (f) | [ni'ɛ:sə] |

| sogra (f) | svigermor (f) | ['sviʔʌ‚moɐ̯] |
| sogro (m) | svigerfar (f) | ['sviʔʌ‚fɑ:] |
| genro (m) | svigersøn (f) | ['sviʔʌ‚sœn] |
| madrasta (f) | stedmor (f) | ['stɛð‚moɐ̯] |
| padrasto (m) | stedfar (f) | ['stɛð‚fɑ:] |

| criança (f) de colo | spædbarn (i) | ['spɛð‚bɑʔn] |
| bebê (m) | spædbarn (i) | ['spɛð‚bɑʔn] |
| menino (m) | lille barn (i) | ['lilə 'bɑʔn] |

| mulher (f) | kone (f) | ['ko:nə] |
| marido (m) | mand (f) | ['manʔ] |
| esposo (m) | ægtemand (f) | ['ɛgtə‚manʔ] |
| esposa (f) | hustru (f) | ['hustʁu] |

| casado (adj) | gift | ['gift] |
| casada (adj) | gift | ['gift] |
| solteiro (adj) | ugift | ['u‚gift] |
| solteirão (m) | ungkarl (f) | ['ɔŋ‚kæʔl] |
| divorciado (adj) | fraskilt | ['fʁɑ‚skelʔt] |
| viúva (f) | enke (f) | ['ɛŋkə] |
| viúvo (m) | enkemand (f) | ['ɛŋkə‚manʔ] |

| parente (m) | slægtning (f) | ['slɛgtneŋ] |
| parente (m) próximo | nær slægtning (f) | ['nɛʔɐ̯ 'slɛgtneŋ] |
| parente (m) distante | fjern slægtning (f) | ['fjæɐ̯ʔn 'slɛgtneŋ] |
| parentes (m pl) | slægtninge (pl) | ['slɛgtneŋə] |

| órfão (m), órfã (f) | forældreløst barn (i) | [fʌ'ɛlʔdʁʌlø:st bɑʔn] |
| tutor (m) | formynder (f) | ['fɔ:‚mønʔʌ] |
| adotar (um filho) | at adoptere | [ʌ adʌp'teʔʌ] |
| adotar (uma filha) | at adoptere | [ʌ adʌp'teʔʌ] |

## 60. Amigos. Colegas de trabalho

| amigo (m) | ven (f) | ['vɛn] |
| amiga (f) | veninde (f) | [vɛn'enə] |
| amizade (f) | venskab (i) | ['vɛn‚skæʔb] |
| ser amigos | at være venner | [ʌ 'vɛ:ʌ 'vɛnʌ] |

| amigo (m) | ven (f) | ['vɛn] |
| amiga (f) | veninde (f) | [vɛn'enə] |
| parceiro (m) | partner (f) | ['pɑ:tnʌ] |

| chefe (m) | chef (f) | ['ɕɛʔf] |
| superior (m) | overordnet (f) | ['ɒwʌ‚ɒʔdnəð] |

| | | |
|---|---|---|
| proprietário (m) | **ejer** (f) | ['ɑjʌ] |
| subordinado (m) | **underordnet** (f) | ['ɔnʌˌpˀdnəð] |
| colega (m, f) | **kollega** (f) | [koˈleːga] |
| | | |
| conhecido (m) | **bekendt** (f) | [beˈkɛnˀt] |
| companheiro (m) de viagem | **medrejsende** (f) | ['mɛðˌʁɑjˀsənə] |
| colega (m) de classe | **klassekammerat** (f) | ['klasə kɑməˈʁɑːt] |
| | | |
| vizinho (m) | **nabo** (f) | ['næːbo] |
| vizinha (f) | **nabo** (f) | ['næːbo] |
| vizinhos (pl) | **naboer** (pl) | ['næːboˀʌ] |

# CORPO HUMANO. MEDICINA

## 61. Cabeça

| | | |
|---|---|---|
| cabeça (f) | hoved (i) | ['ho:əð] |
| rosto, cara (f) | ansigt (i) | ['ansegt] |
| nariz (m) | næse (f) | ['nɛ:sə] |
| boca (f) | mund (f) | ['mɔnˀ] |
| | | |
| olho (m) | øje (i) | ['ʌjə] |
| olhos (m pl) | øjne (i pl) | ['ʌjnə] |
| pupila (f) | pupil (f) | [pu'pilˀ] |
| sobrancelha (f) | øjenbryn (i) | ['ʌjənˌbʁyˀn] |
| cílio (f) | øjenvippe (f) | ['ʌjənˌvepə] |
| pálpebra (f) | øjenlåg (i) | ['ʌjənˌlɔˀw] |
| | | |
| língua (f) | tunge (f) | ['tɔŋə] |
| dente (m) | tand (f) | ['tanˀ] |
| lábios (m pl) | læber (f pl) | ['lɛ:bʌ] |
| maçãs (f pl) do rosto | kindben (i pl) | ['kenˌbeˀn] |
| gengiva (f) | tandkød (i) | ['tanˌkøð] |
| palato (m) | gane (f) | ['gæ:nə] |
| | | |
| narinas (f pl) | næsebor (i pl) | ['nɛ:səˌboˀɐ̯] |
| queixo (m) | hage (f) | ['hæ:jə] |
| mandíbula (f) | kæbe (f) | ['kɛ:bə] |
| bochecha (f) | kind (f) | ['kenˀ] |
| | | |
| testa (f) | pande (f) | ['panə] |
| têmpora (f) | tinding (f) | ['teneŋ] |
| orelha (f) | øre (i) | ['ø:ʌ] |
| costas (f pl) da cabeça | nakke (f) | ['nakə] |
| pescoço (m) | hals (f) | ['halˀs] |
| garganta (f) | strube, hals (f) | ['stʁu:bə], ['halˀs] |
| | | |
| cabelo (m) | hår (i pl) | ['hɒˀ] |
| penteado (m) | frisure (f) | [fʁi'sy'ʌ] |
| corte (m) de cabelo | klipning (f) | ['klepneŋ] |
| peruca (f) | paryk (f) | [pɑ'ʁœk] |
| | | |
| bigode (m) | moustache (f) | [mu'stæ:ɕ] |
| barba (f) | skæg (i) | ['skɛˀg] |
| ter (~ barba, etc.) | at have | [ʌ 'hæ:və] |
| trança (f) | fletning (f) | ['flɛtneŋ] |
| suíças (f pl) | bakkenbart (f) | ['bakənˌbɑˀt] |
| | | |
| ruivo (adj) | rødhåret | ['ʁœðˌhɒˀɒ̯ð] |
| grisalho (adj) | grå | ['gʁɔˀ] |
| careca (adj) | skaldet | ['skaləð] |
| calva (f) | skaldet plet (f) | ['skaləðˌplɛt] |

| | | |
|---|---|---|
| rabo-de-cavalo (m) | hestehale (f) | ['hɛstəˌhæːlə] |
| franja (f) | pandehår (i) | ['panəˌhɒˀ] |

## 62. Corpo humano

| | | |
|---|---|---|
| mão (f) | hånd (f) | ['hʌnˀ] |
| braço (m) | arm (f) | ['aˀm] |

| | | |
|---|---|---|
| dedo (m) | finger (f) | ['feŋˀʌ] |
| dedo (m) do pé | tå (f) | ['tɔˀ] |
| polegar (m) | tommel (f) | ['tʌməl] |
| dedo (m) mindinho | lillefinger (f) | ['liləˌfeŋˀʌ] |
| unha (f) | negl (f) | ['najˀl] |

| | | |
|---|---|---|
| punho (m) | knytnæve (f) | ['knytˌnɛːvə] |
| palma (f) | håndflade (f) | ['hʌnˌflæːðə] |
| pulso (m) | håndled (i) | ['hʌnˌleð] |
| antebraço (m) | underarm (f) | ['ɔnʌˌaːm] |
| cotovelo (m) | albue (f) | ['alˌbuːə] |
| ombro (m) | skulder (f) | ['skulʌ] |

| | | |
|---|---|---|
| perna (f) | ben (i) | ['beˀn] |
| pé (m) | fod (f) | ['foˀð] |
| joelho (m) | knæ (i) | ['knɛˀ] |
| panturrilha (f) | læg (f) | ['lɛˀg] |
| quadril (m) | hofte (f) | ['hʌftə] |
| calcanhar (m) | hæl (f) | ['hɛˀl] |

| | | |
|---|---|---|
| corpo (m) | krop (f) | ['kʀʌp] |
| barriga (f), ventre (m) | mave (f) | ['mæːvə] |
| peito (m) | bryst (i) | ['bʀœst] |
| seio (m) | bryst (i) | ['bʀœst] |
| lado (m) | side (f) | ['siːðə] |
| costas (dorso) | ryg (f) | ['ʀœg] |
| região (f) lombar | lænderyg (f) | ['lɛnəˌʀœg] |
| cintura (f) | midje, talje (f) | ['miðjə], ['taljə] |

| | | |
|---|---|---|
| umbigo (m) | navle (f) | ['nawlə] |
| nádegas (f pl) | baller, balder (f pl) | ['balʌ] |
| traseiro (m) | bag (f) | ['bæˀj] |

| | | |
|---|---|---|
| sinal (m), pinta (f) | skønhedsplet (f) | ['skœnheðsˌplɛt] |
| sinal (m) de nascença | modermærke (i) | ['moːðʌ'mæɐ̯kə] |
| tatuagem (f) | tatovering (f) | [tato've'ɐ̯eŋ] |
| cicatriz (f) | ar (i) | ['aˀ] |

## 63. Doenças

| | | |
|---|---|---|
| doença (f) | sygdom (f) | ['syːˌdʌmˀ] |
| estar doente | at være syg | [ʌ 'vɛːʌ syˀ] |
| saúde (f) | helse, sundhed (f) | ['hɛlsə], ['sɔnˌheðˀ] |
| nariz (m) escorrendo | snue (f) | ['snuːə] |

| | | |
|---|---|---|
| amigdalite (f) | angina (f) | [aŋˈgiːna] |
| resfriado (m) | forkølelse (f) | [fʌˈkøˀləlsə] |
| ficar resfriado | at blive forkølet | [ʌ ˈbliːə fʌˈkøˀləð] |
| | | |
| bronquite (f) | bronkitis (f) | [bʁʌŋˈkitis] |
| pneumonia (f) | lungebetændelse (f) | [ˈloŋə beˈtɛnˀəlsə] |
| gripe (f) | influenza (f) | [enfluˈɛnsa] |
| | | |
| míope (adj) | nærsynet | [ˈnæɐ̯ˌsyˀnəð] |
| presbita (adj) | langsynet | [ˈlaŋˌsyˀnəð] |
| estrabismo (m) | skeløjethed (f) | [ˈskelˌʌjəðˌheðˀ] |
| estrábico, vesgo (adj) | skeløjet | [ˈskelˌʌjˀəð] |
| catarata (f) | grå stær (f) | [ˈgʁɔˀ ˈstɛˀɐ̯] |
| glaucoma (m) | glaukom (i), grøn stær (f) | [glawˈkoˀm], [ˈgʁœnˀ ˈstɛˀɐ̯] |
| | | |
| AVC (m), apoplexia (f) | hjerneblødning (f) | [ˈjæɐ̯nəˌbløðnen] |
| ataque (m) cardíaco | infarkt (i, f) | [enˈfaːkt] |
| enfarte (m) do miocárdio | hjerteinfarkt (i, f) | [ˈjæɐ̯tə enˈfaːkt] |
| paralisia (f) | lammelse (f) | [ˈlaməlsə] |
| paralisar (vt) | at lamme, at paralysere | [ʌ ˈlamə], [ʌ paalyˈseˀʌ] |
| | | |
| alergia (f) | allergi (f) | [alæɐ̯ˈgiˀ] |
| asma (f) | astma (f) | [ˈastma] |
| diabetes (f) | diabetes (f) | [diaˈbeːtəs] |
| | | |
| dor (f) de dente | tandpine (f) | [ˈtanˌpiːnə] |
| cárie (f) | caries, karies (f) | [ˈkɑˀiəs] |
| | | |
| diarreia (f) | diarre (f) | [diaˈʁɛ] |
| prisão (f) de ventre | forstoppelse (f) | [fʌˈstʌpəlsə] |
| desarranjo (m) intestinal | mavebesvær (i) | [ˈmæːvəˌbeˈsvɛˀɐ̯] |
| intoxicação (f) alimentar | madforgiftning (f) | [ˈmaðfʌˌgiftnen] |
| intoxicar-se | at få madforgiftning | [ʌ ˈfɔˀ ˈmaðfʌˌgiftəˀ] |
| | | |
| artrite (f) | artritis (f) | [ɑˈtʁitis] |
| raquitismo (m) | rakitis (f) | [ʁɑˈkitis] |
| reumatismo (m) | reumatisme (f) | [ʁʌjmaˈtismə] |
| arteriosclerose (f) | arterieforkalkning (f) | [ɑˈteˀɐ̯iə fʌˈkalˀknen] |
| | | |
| gastrite (f) | gastritis (f) | [gaˈstʁitis] |
| apendicite (f) | appendicit (f) | [apɛndiˈsit] |
| colecistite (f) | galdeblærebetændelse (f) | [ˈgaləˌblɛːʌ beˈtɛnˀəlsə] |
| úlcera (f) | mavesår (i) | [ˈmæːvəˌsɒˀ] |
| | | |
| sarampo (m) | mæslinger (pl) | [ˈmɛsˌleŋˀʌ] |
| rubéola (f) | røde hunde (f) | [ˈʁœːðə ˈhunə] |
| icterícia (f) | gulsot (f) | [ˈgulˌsoˀt] |
| hepatite (f) | hepatitis (f) | [hepaˈtitis] |
| | | |
| esquizofrenia (f) | skizofreni (f) | [skidsofʁɛˈniˀ] |
| raiva (f) | rabies (f) | [ˈʁɑˀbjɛs] |
| neurose (f) | neurose (f) | [nœwˈʁoːsə] |
| contusão (f) cerebral | hjernerystelse (f) | [ˈjæɐ̯nəˌʁœstəlsə] |
| | | |
| câncer (m) | kræft (f), cancer (f) | [ˈkʁaft], [ˈkanˀsʌ] |
| esclerose (f) | sklerose (f) | [skləˈʁoːsə] |

| | | |
|---|---|---|
| esclerose (f) múltipla | multipel sklerose (f) | [mul'ti'pəl sklə'ʁo:sə] |
| alcoolismo (m) | alkoholisme (f) | [alkoho'lismə] |
| alcoólico (m) | alkoholiker (f) | [alko'ho'likʌ] |
| sífilis (f) | syfilis (f) | ['syfilis] |
| AIDS (f) | AIDS (f) | ['ɛjds] |

| | | |
|---|---|---|
| tumor (m) | svulst, tumor (f) | ['svul'st], ['tu:mɒ] |
| maligno (adj) | ondartet, malign | ['ɔn,a'dəð], [ma'li'n] |
| benigno (adj) | godartet, benign | ['goð,a'təð], [be'ni'n] |
| febre (f) | feber (f) | ['fe'bʌ] |
| malária (f) | malaria (f) | [ma'la'ia] |
| gangrena (f) | koldbrand (f) | ['kʌl,bʁan'] |
| enjoo (m) | søsyge (f) | ['sø,sy:ə] |
| epilepsia (f) | epilepsi (f) | [epilɛp'si'] |

| | | |
|---|---|---|
| epidemia (f) | epidemi (f) | [epedə'mi'] |
| tifo (m) | tyfus (f) | ['tyfus] |
| tuberculose (f) | tuberkulose (f) | [tubæ̞ku'lo:sə] |
| cólera (f) | kolera (f) | ['ko'ləʁa] |
| peste (f) bubônica | pest (f) | ['pɛst] |

## 64. Sintomas. Tratamentos. Parte 1

| | | |
|---|---|---|
| sintoma (m) | symptom (i) | [sym'to'm] |
| temperatura (f) | temperatur (f) | [tɛmpʁa'tu̞'] |
| febre (f) | høj temperatur, feber (f) | ['hʌj tɛmpʁa'tu̞'], ['fe'bʌ] |
| pulso (m) | puls (f) | ['pul's] |

| | | |
|---|---|---|
| vertigem (f) | svimmelhed (f) | ['svem'əl,heð'] |
| quente (testa, etc.) | varm | ['va'm] |
| calafrio (m) | gysen (f) | ['gy:sən] |
| pálido (adj) | bleg | ['blaj'] |

| | | |
|---|---|---|
| tosse (f) | hoste (f) | ['ho:stə] |
| tossir (vi) | at hoste | [ʌ 'ho:stə] |
| espirrar (vi) | at nyse | [ʌ 'ny:sə] |
| desmaio (m) | besvimelse (f) | [be'svi'məlsə] |
| desmaiar (vi) | at besvime | [ʌ be'svi'mə] |

| | | |
|---|---|---|
| mancha (f) preta | blåt mærke (i) | ['blʌt 'mæ̞kə] |
| galo (m) | bule (f) | ['bu:lə] |
| machucar-se (vr) | at slå sig | [ʌ 'slɔ' saj] |
| contusão (f) | blåt mærke (i) | ['blʌt 'mæ̞kə] |
| machucar-se (vr) | at støde sig | [ʌ 'sdø:ðə saj] |

| | | |
|---|---|---|
| mancar (vi) | at halte | [ʌ 'haltə] |
| deslocamento (f) | forvridning (f) | [fʌ'vʁið'neŋ] |
| deslocar (vt) | at forvride | [ʌ fʌ'vʁið'ə] |
| fratura (f) | brud (i), fraktur (f) | ['bʁuð], [fʁak'tu̞'] |
| fraturar (vt) | at få et brud | [ʌ 'fɔ' ed 'bʁuð] |

| | | |
|---|---|---|
| corte (m) | snitsår (i) | ['snit,sɒ'] |
| cortar-se (vr) | at skære sig | [ʌ 'skɛ:ʌ saj] |
| hemorragia (f) | blødning (f) | ['bløðneŋ] |

| | | |
|---|---|---|
| queimadura (f) | brandsår (i) | ['bʁanˌsɒˀ] |
| queimar-se (vr) | at brænde sig | [ʌ 'bʁanə sɑj] |

| | | |
|---|---|---|
| picar (vt) | at stikke | [ʌ 'stekə] |
| picar-se (vr) | at stikke sig | [ʌ 'stekə sɑj] |
| lesionar (vt) | at skade | [ʌ 'skæ:ðə] |
| lesão (m) | skade (f) | ['skæ:ðə] |
| ferida (f), ferimento (m) | sår (i) | ['sɒˀ] |
| trauma (m) | traume, trauma (i) | ['tʁawmə], ['tʁawma] |

| | | |
|---|---|---|
| delirar (vi) | at tale i vildelse | [ʌ 'tæ:lə i 'vilelsə] |
| gaguejar (vi) | at stamme | [ʌ 'stɑmə] |
| insolação (f) | solstik (i) | ['so:lˌstek] |

## 65. Sintomas. Tratamentos. Parte 2

| | | |
|---|---|---|
| dor (f) | smerte (f) | ['smæɐ̯tə] |
| farpa (no dedo, etc.) | splint (f) | ['splenˀt] |

| | | |
|---|---|---|
| suor (m) | sved (f) | ['sveðˀ] |
| suar (vi) | at svede | [ʌ 'sve:ðə] |
| vômito (m) | opkastning (f) | ['ʌpˌkastneŋ] |
| convulsões (f pl) | kramper (f pl) | ['kʁampʌ] |

| | | |
|---|---|---|
| grávida (adj) | gravid | [gʁa'viðˀ] |
| nascer (vi) | at fødes | [ʌ 'fø:ðəs] |
| parto (m) | fødsel (f) | ['føsəl] |
| dar à luz | at føde | [ʌ 'fø:ðə] |
| aborto (m) | abort (f) | [a'bɒˀt] |

| | | |
|---|---|---|
| respiração (f) | åndedræt (i) | ['ʌnəˌdʁat] |
| inspiração (f) | indånding (f) | ['enˌʌnˀeŋ] |
| expiração (f) | udånding (f) | ['uðˌʌnˀeŋ] |
| expirar (vi) | at ånde ud | [ʌ 'ʌnə uð] |
| inspirar (vi) | at ånde ind | [ʌ 'ʌnə enˀ] |

| | | |
|---|---|---|
| inválido (m) | handikappet person (f) | ['handiˌkapəð pæɡ̊'soˀn] |
| aleijado (m) | krøbling (f) | ['kʁœbleŋ] |
| drogado (m) | narkoman (f) | [nɑko'mæˀn] |

| | | |
|---|---|---|
| surdo (adj) | døv | ['døˀw] |
| mudo (adj) | stum | ['stɒmˀ] |
| surdo-mudo (adj) | døvstum | ['døwˌstɒmˀ] |

| | | |
|---|---|---|
| louco, insano (adj) | gal, sindssyg | ['gæˀl], ['senˀˌsyˀ] |
| louco (m) | gal mand (f) | ['gæˀl 'manˀ] |
| louca (f) | gal kvinde (f) | ['gæˀl 'kvenə] |
| ficar louco | at blive sindssyg | [ʌ 'bli:ə 'senˀˌsyˀ] |

| | | |
|---|---|---|
| gene (m) | gen (i) | ['geˀn] |
| imunidade (f) | immunitet (f) | [imuni'teˀt] |
| hereditário (adj) | arvelig | ['ɑ:vəli] |
| congênito (adj) | medfødt | ['mɛðˌføˀt] |
| vírus (m) | virus (i, f) | ['vi:ʁus] |

| micróbio (m) | mikrobe (f) | [mi'kʁoːbə] |
| bactéria (f) | bakterie (f) | [bɑk'teɐ̯ʔiə] |
| infecção (f) | infektion (f) | [enfɛk'çoʔn] |

## 66. Sintomas. Tratamentos. Parte 3

| hospital (m) | sygehus (i) | ['syːəˌhuʔs] |
| paciente (m) | patient (f) | [pa'çɛnʔt] |

| diagnóstico (m) | diagnose (f) | [dia'gnoːsə] |
| cura (f) | kur, behandling (f) | ['kuɐ̯ʔ], [be'hanʔleŋ] |
| tratamento (m) médico | behandling (f) | [be'hanʔleŋ] |
| curar-se (vr) | at blive behandlet | [ʌ 'bliːə be'hanʔləð] |
| tratar (vt) | at behandle | [ʌ be'hanʔlə] |
| cuidar (pessoa) | at pleje | [ʌ 'plɑjə] |
| cuidado (m) | pleje (f) | ['plɑjə] |

| operação (f) | operation (f) | [opeʁa'çoʔn] |
| enfaixar (vt) | at forbinde | [ʌ fʌ'benʔə] |
| enfaixamento (m) | forbinding (f) | [fʌ'benʔeŋ] |

| vacinação (f) | vaccination (f) | [vagsina'çoʔn] |
| vacinar (vt) | at vaccinere | [ʌ vaksi'neʔʌ] |
| injeção (f) | injektion (f) | [enjɛk'çoʔn] |
| dar uma injeção | at give en sprøjte | [ʌ 'giʔ en 'spʁʌjtə] |

| ataque (~ de asma, etc.) | anfald (i) | ['anˌfalʔ] |
| amputação (f) | amputation (f) | [ɑmputa'çoʔn] |
| amputar (vt) | at amputere | [ʌ ɑmpu'teʔʌ] |
| coma (f) | koma (f) | ['koːma] |
| estar em coma | at ligge i koma | [ʌ 'legə i 'koːma] |
| reanimação (f) | intensivafdeling (f) | ['entənˌsiwʔ 'ɑwˌdeʔleŋ] |

| recuperar-se (vr) | at blive rask | [ʌ 'bliːə 'ʁask] |
| estado (~ de saúde) | tilstand (f) | ['telˌstanʔ] |
| consciência (perder a ~) | bevidsthed (f) | [be'vestˌheðʔ] |
| memória (f) | hukommelse (f) | [hu'kʌmʔəlsə] |

| tirar (vt) | at trække ud | [ʌ 'tʁakə uðʔ] |
| obturação (f) | plombe (f) | ['plɔmbə] |
| obturar (vt) | at plombere | [ʌ plɔm'beʔʌ] |

| hipnose (f) | hypnose (f) | [hyp'noːsə] |
| hipnotizar (vt) | at hypnotisere | [ʌ hypnoti'seʔʌ] |

## 67. Medicina. Drogas. Acessórios

| medicamento (m) | medicin (f) | [medi'siʔn] |
| remédio (m) | middel (i) | ['miðʔəl] |
| receitar (vt) | at ordinere | [ʌ ɒdi'neʔʌ] |
| receita (f) | recept (f) | [ʁɛ'sɛpt] |
| comprimido (m) | tablet (f), pille (f) | [tab'lɛt], ['pelə] |

| unguento (m) | salve (f) | ['salvə] |
| ampola (f) | ampul (f) | [ɑm'pul'] |
| solução, preparado (m) | mikstur (f) | [meks'tuɐ'] |
| xarope (m) | sirup (f) | ['si'ʁɔp] |
| cápsula (f) | pille (f) | ['pelə] |
| pó (m) | pulver (i) | ['pɔl'vʌ] |

| atadura (f) | gazebind (i) | ['gæ:sə‚ben'] |
| algodão (m) | vat (i) | ['vat] |
| iodo (m) | jod (i, f) | ['jo'ð] |

| curativo (m) adesivo | plaster (i) | ['plastʌ] |
| conta-gotas (m) | pipette (f) | [pi'pɛtə] |
| termômetro (m) | termometer (i) | [tæɐmo'me'tʌ] |
| seringa (f) | sprøjte (f) | ['spʁʌjtə] |

| cadeira (f) de rodas | kørestol (f) | ['kø:ʌ‚sto'l] |
| muletas (f pl) | krykker (f pl) | ['kʁɶəkə] |

| analgésico (m) | smertestillende medicin (i) | ['smæɐdə‚stelənə medi'si'n] |
| laxante (m) | laksativ (i) | [lɑksa'tiw'] |
| álcool (m) | sprit (f) | ['spʁit] |
| ervas (f pl) medicinais | lægeurter (f pl) | ['lɛ:jə‚uɐ'tʌ] |
| de ervas (chá ~) | urte- | ['uɐtə-] |

# APARTAMENTO

## 68. Apartamento

| | | |
|---|---|---|
| apartamento (m) | lejlighed (f) | ['lɑjliˌheð'] |
| quarto, cômodo (m) | rum, værelse (i) | ['ʁɔm'], ['væɐ̯ʌlsə] |
| quarto (m) de dormir | soveværelse (i) | ['sɒwəˌvæɐ̯ʌlsə] |
| sala (f) de jantar | spisestue (f) | ['spiːsəˌstuːə] |
| sala (f) de estar | dagligstue (f) | ['dɑwliˌstuːə] |
| escritório (m) | arbejdsværelse (i) | ['ɑːbɑjdsˌvæɐ̯ʌlsə] |
| sala (f) de entrada | entre (f), forstue (f) | [ɑŋ'tʁɛ], ['fɒˌstuːə] |
| banheiro (m) | badeværelse (i) | ['bæːðəˌvæɐ̯ʌlsə] |
| lavabo (m) | toilet (i) | [toa'lɛt] |
| teto (m) | loft (i) | ['lʌft] |
| chão, piso (m) | gulv (i) | ['gɔl] |
| canto (m) | hjørne (i) | ['jœɐ̯'nə] |

## 69. Mobiliário. Interior

| | | |
|---|---|---|
| mobiliário (m) | møbler (pl) | ['mø'blʌ] |
| mesa (f) | bord (i) | ['boˀɐ̯] |
| cadeira (f) | stol (f) | ['stoˀl] |
| cama (f) | seng (f) | ['sɛŋ'] |
| sofá, divã (m) | sofa (f) | ['soːfa] |
| poltrona (f) | lænestol (f) | ['lɛːnəˌstoˀl] |
| estante (f) | bogskab (i) | ['bɔwˌskæːb] |
| prateleira (f) | hylde (f) | ['hylə] |
| guarda-roupas (m) | klædeskab (i) | ['klɛːðəˌskæˀb] |
| cabide (m) de parede | knagerække (f) | ['knæːjəˌʁakə] |
| cabideiro (m) de pé | stumtjener (f) | ['stɔmˌtjɛːnʌ] |
| cômoda (f) | kommode (f) | [ko'moːðə] |
| mesinha (f) de centro | sofabord (i) | ['soːfaˌboˀɐ̯] |
| espelho (m) | spejl (i) | ['spɑjˀl] |
| tapete (m) | tæppe (i) | ['tɛpə] |
| tapete (m) pequeno | lille tæppe (i) | ['lilə 'tɛpə] |
| lareira (f) | pejs (f), kamin (f) | ['pɑjˀs], [ka'miˀn] |
| vela (f) | lys (i) | ['lyˀs] |
| castiçal (m) | lysestage (f) | ['lyːsəˌstæːjə] |
| cortinas (f pl) | gardiner (i pl) | [gɑ'diˀnʌ] |
| papel (m) de parede | tapet (i) | [ta'peˀt] |

| persianas (f pl) | persienne (f) | [pæɐ̯'ɡɛnə] |
| luminária (f) de mesa | bordlampe (f) | ['boɐ̯ˌlampə] |
| luminária (f) de parede | væglampe (f) | ['vɛgˌlampə] |
| abajur (m) de pé | standerlampe (f) | ['stanʌˌlampə] |
| lustre (m) | lysekrone (f) | ['lysəˌkʁoːnə] |

| pé (de mesa, etc.) | ben (i) | ['beˀn] |
| braço, descanso (m) | armlæn (i) | ['ɑˀmˌlɛˀn] |
| costas (f pl) | ryg (f), ryglæn (i) | ['ʁœg], ['ʁœgˌlɛˀn] |
| gaveta (f) | skuffe (f) | ['skɔfə] |

## 70. Quarto de dormir

| roupa (f) de cama | sengetøj (i) | ['sɛŋəˌtʌj] |
| travesseiro (m) | pude (f) | ['puːðə] |
| fronha (f) | pudebetræk (i) | ['puːðə be'tʁak] |
| cobertor (m) | dyne (f) | ['dyːnə] |
| lençol (m) | lagen (i) | ['læjˀən] |
| colcha (f) | sengetæppe (i) | ['sɛŋəˌtɛpə] |

## 71. Cozinha

| cozinha (f) | køkken (i) | ['køkən] |
| gás (m) | gas (f) | ['gas] |
| fogão (m) a gás | gaskomfur (i) | ['gasˌkɔm'fuɐ̯ˀ] |
| fogão (m) elétrico | elkomfur (i) | ['ɛlˌkɔm'fuɐ̯ˀ] |
| forno (m) | bageovn (f) | ['bæːjəˌɒwˀn] |
| forno (m) de micro-ondas | mikroovn (f) | ['mikʁoˌɒwˀn] |

| geladeira (f) | køleskab (i) | ['køːləˌskæˀb] |
| congelador (m) | fryser (f) | ['fʁyːsʌ] |
| máquina (f) de lavar louça | opvaskemaskine (f) | [ʌp'vaskə ma'skiːnə] |

| moedor (m) de carne | kødhakker (f) | ['køðˌhakʌ] |
| espremedor (m) | juicepresser (f) | ['dʒuːsˌpʁasʌ] |
| torradeira (f) | brødrister, toaster (f) | ['bʁœðˌʁɛstʌ], ['tɔwstʌ] |
| batedeira (f) | mikser, mixer (f) | ['meksʌ] |

| máquina (f) de café | kaffemaskine (f) | ['kɑfə ma'skiːnə] |
| cafeteira (f) | kaffekande (f) | ['kɑfəˌkanə] |
| moedor (m) de café | kaffekværn (f) | ['kɑfəˌkvæɐ̯ˀn] |

| chaleira (f) | kedel (f) | ['keðəl] |
| bule (m) | tekande (f) | ['teˌkanə] |
| tampa (f) | låg (i) | ['lɔˀw] |
| coador (m) de chá | tesi (f) | ['teˀˌsiˀ] |

| colher (f) | ske (f) | ['skeˀ] |
| colher (f) de chá | teske (f) | ['teˀˌskeˀ] |
| colher (f) de sopa | spiseske (f) | ['spiːsəˌskeˀ] |
| garfo (m) | gaffel (f) | ['gɑfəl] |
| faca (f) | kniv (f) | ['kniwˀ] |

| | | |
|---|---|---|
| louça (f) | service (i) | [sæɡ'vi:sə] |
| prato (m) | tallerken (f) | [ta'læɡkən] |
| pires (m) | underkop (f) | ['ɔnʌˌkʌp] |
| cálice (m) | shotglas (i) | ['ɕʌtˌglas] |
| copo (m) | glas (i) | ['glas] |
| xícara (f) | kop (f) | ['kʌp] |
| açucareiro (m) | sukkerskål (f) | ['sɔkʌˌskɔʔl] |
| saleiro (m) | saltbøsse (f) | ['saltˌbøsə] |
| pimenteiro (m) | peberbøsse (f) | ['pewʌˌbøsə] |
| manteigueira (f) | smørskål (f) | ['smɶɡˌskɔʔl] |
| panela (f) | gryde (f) | ['gʁy:ðə] |
| frigideira (f) | stegepande (f) | ['stɑjəˌpanə] |
| concha (f) | slev (f) | ['slew'] |
| coador (m) | dørslag (i) | ['dɶɡˌslæʔj] |
| bandeja (f) | bakke (f) | ['bɑkə] |
| garrafa (f) | flaske (f) | ['flaskə] |
| pote (m) de vidro | glasdåse (f) | ['glasˌdɔ:sə] |
| lata (~ de cerveja) | dåse (f) | ['dɔ:sə] |
| abridor (m) de garrafa | oplukker (f) | ['ʌpˌlɔkʌ] |
| abridor (m) de latas | dåseåbner (f) | ['dɔ:səˌɔ:bnʌ] |
| saca-rolhas (m) | proptrækker (f) | ['pʁʌpˌtʁakʌ] |
| filtro (m) | filter (i) | ['filʔtʌ] |
| filtrar (vt) | at filtrere | [ʌ fil'tʁɛʔʌ] |
| lixo (m) | affald, skrald (i) | ['awˌfalʔ], ['skʁalʔ] |
| lixeira (f) | skraldespand (f) | ['skʁɑləˌspanʔ] |

## 72. Casa de banho

| | | |
|---|---|---|
| banheiro (m) | badeværelse (i) | ['bæ:ðəˌvæɡʌlsə] |
| água (f) | vand (i) | ['vanʔ] |
| torneira (f) | hane (f) | ['hæ:nə] |
| água (f) quente | varmt vand (i) | ['vɑʔmt vanʔ] |
| água (f) fria | koldt vand (i) | ['kʌlt vanʔ] |
| pasta (f) de dente | tandpasta (f) | ['tanˌpasta] |
| escovar os dentes | at børste tænder | [ʌ 'bɶɡstə 'tɛnʌ] |
| escova (f) de dente | tandbørste (f) | ['tanˌbɶɡstə] |
| barbear-se (vr) | at barbere sig | [ʌ bɑ'beʔʌ sɑj] |
| espuma (f) de barbear | barberskum (i) | [bɑ'beʔɡˌskɔmʔ] |
| gilete (f) | skraber (f) | ['skʁɑ:bʌ] |
| lavar (vt) | at vaske | [ʌ 'vaskə] |
| tomar banho | at vaske sig | [ʌ 'vaskə sɑj] |
| chuveiro (m), ducha (f) | brusebad (i) | ['bʁu:səˌbɑð] |
| tomar uma ducha | at tage brusebad | [ʌ 'tæʔ 'bʁu:səˌbɑð] |
| banheira (f) | badekar (i) | ['bæ:ðəˌkɑ] |
| vaso (m) sanitário | toiletkumme (f) | [toa'lɛt 'kɔmə] |

| pia (f) | håndvask (f) | ['hʌn'ˌvask] |
| sabonete (m) | sæbe (f) | ['sɛ:bə] |
| saboneteira (f) | sæbeskål (f) | ['sɛ:bəˌskɔ'l] |

| esponja (f) | svamp (f) | ['svɑm'p] |
| xampu (m) | shampoo (f) | ['ɕæ:mˌpu:] |
| toalha (f) | håndklæde (i) | ['hʌnˌklɛ:ðə] |
| roupão (m) de banho | badekåbe (f) | ['bæ:ðəˌkɔ:bə] |

| lavagem (f) | vask (f) | ['vask] |
| lavadora (f) de roupas | vaskemaskine (f) | ['vaskə ma'ski:nə] |
| lavar a roupa | at vaske tøj | [ʌ 'vaskə 'tʌj] |
| detergente (m) | vaskepulver (i) | ['vaskəˌpɔl'vʌ] |

## 73. Eletrodomésticos

| televisor (m) | tv, fjernsyn (i) | ['te'ˌve'], ['fjæɐ̯nˌsy'n] |
| gravador (m) | båndoptager (f) | ['bɒnˌʌbtæ'ʌ] |
| videogravador (m) | video (f) | ['vi'djo] |
| rádio (m) | radio (i) | ['ʁɑ'djo] |
| leitor (m) | afspiller (f) | ['awˌspel'ʌ] |

| projetor (m) | projektor (f) | [pʁo'ɕɛktʌ] |
| cinema (m) em casa | hjemmebio (f) | ['jɛməˌbi:o] |
| DVD Player (m) | dvd-afspiller (f) | [deve'de' aw'spel'ʌ] |
| amplificador (m) | forstærker (f) | [fʌ'stæɐ̯kʌ] |
| console (f) de jogos | spillekonsol (f) | ['spelə kɔn'sʌl'] |

| câmera (f) de vídeo | videokamera (i) | ['vi'djo ˌkæ'məʁɑ] |
| máquina (f) fotográfica | kamera (i) | ['kæ'məʁɑ] |
| câmera (f) digital | digitalkamera (i) | [digi'tæ'l ˌkæ'məʁɑ] |

| aspirador (m) | støvsuger (f) | ['støwˌsu'ʌ] |
| ferro (m) de passar | strygejern (i) | ['stʁyəˌjæɐ̯'n] |
| tábua (f) de passar | strygebræt (i) | ['stʁyəˌbʁat] |

| telefone (m) | telefon (f) | [telə'fo'n] |
| celular (m) | mobiltelefon (f) | [mo'bil telə'fo'n] |
| máquina (f) de escrever | skrivemaskine (f) | ['skʁi:və ma'ski:nə] |
| máquina (f) de costura | symaskine (f) | ['symaˌski:nə] |

| microfone (m) | mikrofon (f) | [mikʁo'fo'n] |
| fone (m) de ouvido | hovedtelefoner (f pl) | ['ho:əð telə'fo'nʌ] |
| controle remoto (m) | fjernbetjening (f) | ['fjæɐ̯n be'tjɛ'nen] |

| CD (m) | cd (f) | [se'de'] |
| fita (f) cassete | kassette (f) | [ka'sɛtə] |
| disco (m) de vinil | plade (f) | ['plæ:ðə] |

# A TERRA. TEMPO

## 74. Espaço sideral

| | | |
|---|---|---|
| espaço, cosmo (m) | rummet, kosmos (i) | ['ʁɔmet], ['kʌsmʌs] |
| espacial, cósmico (adj) | rum- | ['ʁɔm-] |
| espaço (m) cósmico | ydre rum (i) | ['yðʁʌ ʁɔm'] |
| mundo (m) | verden (f) | ['væɐ̯dən] |
| universo (m) | univers (i) | [uni'væɐ̯s] |
| galáxia (f) | galakse (f) | [ga'lɑksə] |
| estrela (f) | stjerne (f) | ['stjæɐ̯nə] |
| constelação (f) | stjernebillede (i) | ['stjæɐ̯nə,beləðə] |
| planeta (m) | planet (f) | [pla'ne'ʔt] |
| satélite (m) | satellit (f) | [satə'lit] |
| meteorito (m) | meteorit (f) | [meteo'ʁit] |
| cometa (m) | komet (f) | [ko'me'ʔt] |
| asteroide (m) | asteroide (f) | [asteʁo'i:ðə] |
| órbita (f) | bane (f) | ['bæ:nə] |
| girar (vi) | at rotere | [ʌ ʁo'te'ʔʌ] |
| atmosfera (f) | atmosfære (f) | [atmo'sfɛ:ʌ] |
| Sol (m) | Solen | ['so:lən] |
| Sistema (m) Solar | solsystem (i) | ['so:l sy'ste'ʔm] |
| eclipse (m) solar | solformørkelse (f) | ['so:l fʌ'mœɐ̯kəlsə] |
| Terra (f) | Jorden | ['jo'ʔɐ̯ən] |
| Lua (f) | Månen | ['mɔ:nən] |
| Marte (m) | Mars | ['mɑ'ʔs] |
| Vênus (f) | Venus | ['ve:nus] |
| Júpiter (m) | Jupiter | ['jupitʌ] |
| Saturno (m) | Saturn | ['sæ,tuɐ̯n] |
| Mercúrio (m) | Merkur | [mæɐ̯'kuɐ̯'] |
| Urano (m) | Uranus | [u'ʁɑnus] |
| Netuno (m) | Neptun | [nɛp'tu'ʔn] |
| Plutão (m) | Pluto | ['pluto] |
| Via Láctea (f) | Mælkevejen | ['mɛlkə,vɑjən] |
| Ursa Maior (f) | Store Bjørn | ['stoɐ̯ ,bjɶɐ̯'n] |
| Estrela Polar (f) | Polarstjernen | [po'lɑ,stjæɐ̯nən] |
| marciano (m) | marsboer (f) | ['mɑ'ʔs,bo'ʔʌ] |
| extraterrestre (m) | ikkejordisk væsen (i) | [,ekə'joɐ̯disk ,vɛ'ʔsən] |
| alienígena (m) | rumvæsen (i) | ['ʁɔm,vɛ'ʔsən] |

| | | |
|---|---|---|
| disco (m) voador | flyvende tallerken (f) | ['fly:vənə ta'læɡkən] |
| espaçonave (f) | rumskib (i) | ['ʁɔmˌskiˀb] |
| estação (f) orbital | rumstation (f) | ['ʁɔm staˈɕoˀn] |
| lançamento (m) | start (f) | ['stɑˀt] |
| motor (m) | motor (f) | ['mo:tʌ] |
| bocal (m) | dyse (f) | ['dysə] |
| combustível (m) | brændsel (i) | ['bʁanˀsəl] |
| cabine (f) | cockpit (i) | ['kʌkˌpit] |
| antena (f) | antenne (f) | [an'tɛnə] |
| vigia (f) | koøje (i) | ['koˌʌjə] |
| bateria (f) solar | solbatteri (i) | ['so:lbatʌ'ʁiˀ] |
| traje (m) espacial | rumdragt (f) | ['ʁɔmˌdʁɑgt] |
| imponderabilidade (f) | vægtløshed (f) | ['vɛgtløːsˌheðˀ] |
| oxigênio (m) | ilt (f), oxygen (i) | ['ilˀt], [ʌgsy'geˀn] |
| acoplagem (f) | dokning (f) | ['dʌknen] |
| fazer uma acoplagem | at dokke | [ʌ 'dʌkə] |
| observatório (m) | observatorium (i) | [ʌbsæɡva'toɡˀjɔm] |
| telescópio (m) | teleskop (i) | [telə'skoˀp] |
| observar (vt) | at observere | [ʌ ʌbsæɡ've'ˀʌ] |
| explorar (vt) | at udforske | [ʌ 'uðˌfɒːskə] |

## 75. A Terra

| | | |
|---|---|---|
| Terra (f) | Jorden | ['joˀɡən] |
| globo terrestre (Terra) | jordklode (f) | ['joɡˌklo:ðə] |
| planeta (m) | planet (f) | [pla'neˀt] |
| atmosfera (f) | atmosfære (f) | [atmo'sfɛːʌ] |
| geografia (f) | geografi (f) | [geogʁɑ'fiˀ] |
| natureza (f) | natur (f) | [na'tuɡˀ] |
| globo (mapa esférico) | globus (f) | ['glo:bus] |
| mapa (m) | kort (i) | ['kɒːt] |
| atlas (m) | atlas (i) | ['atlas] |
| Europa (f) | Europa | [œw'ʁoːpa] |
| Ásia (f) | Asien | ['æˀɕən] |
| África (f) | Afrika | ['ɑfʁika] |
| Austrália (f) | Australien | [ɑw'stʁɑˀljən] |
| América (f) | Amerika | [ɑ'meʁika] |
| América (f) do Norte | Nordamerika | ['noɡ ɑ'meʁika] |
| América (f) do Sul | Sydamerika | ['syð ɑ'meʁika] |
| Antártida (f) | Antarktis | [an'tɑˀktis] |
| Ártico (m) | Arktis | ['ɑˀktis] |

## 76. Pontos cardeais

| | | |
|---|---|---|
| norte (m) | nord (i) | ['noˀɡ] |
| para norte | mod nord | [moð 'noˀɡ] |
| no norte | i nord | [i 'noˀɡ] |
| do norte (adj) | nordlig | ['noɡli] |
| | | |
| sul (m) | syd (f) | ['syð] |
| para sul | mod syd | [moð 'syð] |
| no sul | i syd | [i 'syð] |
| do sul (adj) | sydlig | ['syðli] |
| | | |
| oeste, ocidente (m) | vest (f) | ['vɛst] |
| para oeste | mod vest | [moð 'vɛst] |
| no oeste | i vest | [i 'vɛst] |
| ocidental (adj) | vestlig | ['vɛstli] |
| | | |
| leste, oriente (m) | øst (f) | ['øst] |
| para leste | mod øst | [moð 'øst] |
| no leste | i øst | [i 'øst] |
| oriental (adj) | østlig | ['østli] |

## 77. Mar. Oceano

| | | |
|---|---|---|
| mar (m) | hav (i) | ['haw] |
| oceano (m) | ocean (i) | [oseˈæˀn] |
| golfo (m) | bugt (f) | ['bɔgt] |
| estreito (m) | stræde (i), sund (i) | ['stʁɛːðə], ['sɔnˀ] |
| | | |
| terra (f) firme | land (i) | ['lanˀ] |
| continente (m) | fastland, kontinent (i) | ['fastˌlanˀ], [kʌntiˈnɛnˀt] |
| ilha (f) | ø (f) | ['øˀ] |
| península (f) | halvø (f) | ['halˌøˀ] |
| arquipélago (m) | øhav, arkipelag (i) | ['øˌhaw], [akipeˈlæˀj] |
| | | |
| baía (f) | bugt (f) | ['bɔgt] |
| porto (m) | havn (f) | ['hawˀn] |
| lagoa (f) | lagune (f) | [laˈguːnə] |
| cabo (m) | kap (i) | ['kap] |
| | | |
| atol (m) | atol (f) | [aˈtʌlˀ] |
| recife (m) | rev (i) | ['ʁɛw] |
| coral (m) | koral (f) | [koˈʁalˀ] |
| recife (m) de coral | koralrev (i) | [koˈʁalˌʁɛw] |
| | | |
| profundo (adj) | dyb | ['dyˀb] |
| profundidade (f) | dybde (f) | ['dybdə] |
| abismo (m) | afgrund (f), dyb (i) | ['awˌgʁɔnˀ], ['dyˀb] |
| fossa (f) oceânica | oceangrav (f) | [oseˌæn 'gʁaˀw] |
| | | |
| corrente (f) | strøm (f) | ['stʁœmˀ] |
| banhar (vt) | at omgive | [ʌ 'ʌmˌgiˀ] |
| litoral (m) | kyst (f) | ['køst] |

| | | |
|---|---|---|
| costa (f) | kyst (f) | ['køst] |
| maré (f) alta | flod (f) | ['flo'ð] |
| refluxo (m) | ebbe (i) | ['ɛbə] |
| restinga (f) | sandbanke (f) | ['san͵baŋkə] |
| fundo (m) | bund (f) | ['bɔn'] |
| | | |
| onda (f) | bølge (f) | ['bøljə] |
| crista (f) da onda | bølgekam (f) | ['bøljə͵kɑm'] |
| espuma (f) | skum (i) | ['skɔm'] |
| | | |
| tempestade (f) | storm (f) | ['stɒ'm] |
| furacão (m) | orkan (f) | [ɒ'kæ'n] |
| tsunami (m) | tsunami (f) | [tsu'nɑ:mi] |
| calmaria (f) | stille (i) | ['stelə] |
| calmo (adj) | stille | ['stelə] |
| | | |
| polo (m) | pol (f) | ['po'l] |
| polar (adj) | polar- | [po'lɑ-] |
| | | |
| latitude (f) | bredde (f) | ['bʁɛ'də] |
| longitude (f) | længde (f) | ['lɛŋ'də] |
| paralela (f) | breddegrad (f) | ['bʁɛ'də͵gʁɑ'ð] |
| equador (m) | ækvator (f) | [ɛ'kvæ:tʌ] |
| | | |
| céu (m) | himmel (f) | ['heməl] |
| horizonte (m) | horisont (f) | [hɒi'sʌn't] |
| ar (m) | luft (f) | ['lɔft] |
| | | |
| farol (m) | fyr (i) | ['fyg'] |
| mergulhar (vi) | at dykke | [ʌ 'døkə] |
| afundar-se (vr) | at synke | [ʌ 'søŋkə] |
| tesouros (m pl) | skatte (f pl) | ['skatə] |

## 78. Nomes de Mares e Oceanos

| | | |
|---|---|---|
| Oceano (m) Atlântico | Atlanterhavet | [at'lan'tʌ͵hæ'veð] |
| Oceano (m) Índico | Det Indiske Ocean | [de 'en'diskə osə'æ'n] |
| Oceano (m) Pacífico | Stillehavet | ['stelə͵hæ'veð] |
| Oceano (m) Ártico | Polarhavet | [po'lɑ͵hæ'veð] |
| | | |
| Mar (m) Negro | Sortehavet | ['soɐtə͵hæ'veð] |
| Mar (m) Vermelho | Rødehavet | ['ʁœ:ðə͵hæ'veð] |
| Mar (m) Amarelo | Det Gule hav | [de 'gulə 'hɑw] |
| Mar (m) Branco | Hvidehavet | ['vi:ðə͵hæ'veð] |
| | | |
| Mar (m) Cáspio | Det Kaspiske Hav | [de 'kaspi:skə 'hɑw] |
| Mar (m) Morto | Dødehavet | ['dø:ðə͵hæ'veð] |
| Mar (m) Mediterrâneo | Middelhavet | ['miðəl͵hæ'veð] |
| | | |
| Mar (m) Egeu | Ægæerhavet | [ɛ'gɛ'ɛʌ 'hæ'veð] |
| Mar (m) Adriático | Adriaterhavet | [æ'dʁi'æ'tʌ 'hæ'veð] |
| | | |
| Mar (m) Arábico | Arabiahavet | [a'ʁɑ'bia 'hæ'veð] |
| Mar (m) do Japão | Det Japanske Hav | [de ja'pæ'nskə 'hɑw] |

| Mar (m) de Bering | Beringshavet | ['be:ʁeŋsˌhæˀveð] |
| Mar (m) da China Meridional | Det Sydkinesiske Hav | [de 'syðkiˌne:siskə 'haw] |

| Mar (m) de Coral | Koralhavet | [koˈʁalˌhæˀveð] |
| Mar (m) de Tasman | Det Tasmanske hav | [de tas'manskə 'haw] |
| Mar (m) do Caribe | Det Caribiske Hav | [de ka'ʁibiskə ˌhaw] |

| Mar (m) de Barents | Barentshavet | ['bɑːæntsˌhæˀveð] |
| Mar (m) de Kara | Karahavet | ['kɑɑˌhæˀveð] |

| Mar (m) do Norte | Nordsøen | ['noɐ̯ˌsøˀən] |
| Mar (m) Báltico | Østersøen | ['østʌˌsøˀən] |
| Mar (m) da Noruega | Norskehavet | ['nɔːskeˌhæˀveð] |

## 79. Montanhas

| montanha (f) | bjerg (i) | ['bjæɡ̊ˀw] |
| cordilheira (f) | bjergkæde (f) | ['bjæɡ̊wˌkɛːðə] |
| serra (f) | bjergryg (f) | ['bjæɡ̊wˌʁœg] |

| cume (m) | top (f), bjergtop (f) | ['tʌp], ['bjæɡ̊wˌtʌp] |
| pico (m) | tinde (f) | ['tenə] |
| pé (m) | fod (f) | ['foˀð] |
| declive (m) | skråning (f) | ['skʁɔˀneŋ] |

| vulcão (m) | vulkan (f) | [vul'kæˀn] |
| vulcão (m) ativo | aktiv vulkan (f) | ['ɑkˌtiwˀ vul'kæˀn] |
| vulcão (m) extinto | udslukt vulkan (f) | ['uðˌslɔkt vul'kæˀn] |

| erupção (f) | udbrud (i) | ['uðˌbʁuð] |
| cratera (f) | krater (i) | ['kʁɑˀtʌ] |
| magma (m) | magma (i, f) | ['mawma] |
| lava (f) | lava (f) | ['læːva] |
| fundido (lava ~a) | glødende | ['gløːðənə] |

| cânion, desfiladeiro (m) | canyon (f) | ['kanjʌn] |
| garganta (f) | kløft (f) | ['kløft] |
| fenda (f) | revne (f) | ['ʁawnə] |
| precipício (m) | afgrund (f) | ['awˌgʁɔnˀ] |

| passo, colo (m) | pas (i) | ['pas] |
| planalto (m) | plateau (i) | [pla'to] |
| falésia (f) | klippe (f) | ['klepə] |
| colina (f) | bakke (f) | ['bakə] |

| geleira (f) | gletsjer (f) | ['glɛtɕʌ] |
| cachoeira (f) | vandfald (i) | ['vanˌfalˀ] |
| gêiser (m) | gejser (f) | ['gɑjˀsʌ] |
| lago (m) | sø (f) | ['søˀ] |

| planície (f) | slette (f) | ['slɛtə] |
| paisagem (f) | landskab (i) | ['lanˌskæˀb] |
| eco (m) | ekko (i) | ['ɛko] |
| alpinista (m) | alpinist (f) | [alpi'nist] |

| | | |
|---|---|---|
| escalador (m) | **bjergbestiger** (f) | ['bjæɡwbe'sti'ə] |
| conquistar (vt) | **at erobre** | [ʌ e'ʁo'bʁʌ] |
| subida, escalada (f) | **bestigning** (f) | [be'sti'nen] |

## 80. Nomes de montanhas

| | | |
|---|---|---|
| Alpes (m pl) | **Alperne** | ['alpɒnə] |
| Monte Branco (m) | **Mont Blanc** | [ˌmɒn'blʌn] |
| Pirineus (m pl) | **Pyrenæerne** | [pyɡ'nɛ:ɡnə] |
| | | |
| Cárpatos (m pl) | **Karpaterne** | [kɑ:'pætɒnə] |
| Urais (m pl) | **Uralbjergene** | [u:'ʁæ'l 'bjæɡ'wənə] |
| Cáucaso (m) | **Kaukasus** | ['kɑukasus] |
| Elbrus (m) | **Elbrus** | [ɛl'bʁu:s] |
| | | |
| Altai (m) | **Altaj** | [al'tɑj] |
| Tian Shan (m) | **Tien-Shan** | [ti'enˌçæn] |
| Pamir (m) | **Pamir** | [pæ'miɡ'] |
| Himalaia (m) | **Himalaya** | [hima'lɑja] |
| monte Everest (m) | **Everest** | ['ɛ:vʁɛst] |
| | | |
| Cordilheira (f) dos Andes | **Andesbjergene** | ['anəs 'bjæɡ'wənə] |
| Kilimanjaro (m) | **Kilimanjaro** | [kiliman'dʒaʁo:] |

## 81. Rios

| | | |
|---|---|---|
| rio (m) | **flod** (f) | ['flo'ð] |
| fonte, nascente (f) | **kilde** (f) | ['kilə] |
| leito (m) de rio | **flodseng** (f) | ['floðˌsɛŋ'] |
| bacia (f) | **flodbassin** (i) | ['floð ba'sɛŋ] |
| desaguar no ... | **at munde ud ...** | [ʌ 'mɔnə uð' ...] |
| | | |
| afluente (m) | **biflod** (f) | ['biˌflo'ð] |
| margem (do rio) | **bred** (f) | ['bʁɛð'] |
| | | |
| corrente (f) | **strøm** (f) | ['stʁœm'] |
| rio abaixo | **nedstrøms** | ['neðˌstʁœm's] |
| rio acima | **opstrøms** | ['ʌpˌstʁœm's] |
| | | |
| inundação (f) | **oversvømmelse** (f) | ['ɒwʌˌsvœm'əlsə] |
| cheia (f) | **flom** (f) | ['flʌm'] |
| transbordar (vi) | **at flyde over** | [ʌ 'fly:ðə 'ɒw'ʌ] |
| inundar (vt) | **at oversvømme** | [ʌ 'ɒwʌˌsvœm'ə] |
| | | |
| banco (m) de areia | **grund** (f) | ['gʁɒn'] |
| corredeira (f) | **strømfald** (i) | ['stʁœmˌfal'] |
| | | |
| barragem (f) | **dæmning** (f) | ['dɛmnen] |
| canal (m) | **kanal** (f) | [ka'næ'l] |
| reservatório (m) de água | **reservoir** (i) | [ʁɛsæɡvo'ɑ:] |
| eclusa (f) | **sluse** (f) | ['slu:sə] |
| corpo (m) de água | **vandområde** (i) | ['van 'ʌmˌʁɔ:ðə] |

| pântano (m) | sump, mose (f) | ['sɔmˀp], ['mo:sə] |
| lamaçal (m) | hængesæk (f) | ['hɛŋəˌsɛk] |
| redemoinho (m) | strømhvirvel (f) | ['stʁɶmˌviɐ̯ˀwəl] |

| riacho (m) | bæk (f) | ['bɛk] |
| potável (adj) | drikke- | ['dʁɛkə-] |
| doce (água) | ferske | ['fæɐ̯skə] |

| gelo (m) | is (f) | ['iˀs] |
| congelar-se (vr) | at fryse til | [ʌ 'fʁy:sə tel] |

## 82. Nomes de rios

| rio Sena (m) | Seinen | ['sɛ:nən] |
| rio Loire (m) | Loire | [lu'ɒ:ʁ] |

| rio Tâmisa (m) | Themsen | ['tɛmsən] |
| rio Reno (m) | Rhinen | ['ʁi:nən] |
| rio Danúbio (m) | Donau | [dɔ'nɑu] |

| rio Volga (m) | Volga | ['vɔlga] |
| rio Don (m) | Don | ['dɔn] |
| rio Lena (m) | Lena | ['le:na] |

| rio Amarelo (m) | Huang He | [huˌaŋ'he:] |
| rio Yangtzé (m) | Yangtze | ['jaŋtsə] |
| rio Mekong (m) | Mekong | [me'kɒŋ] |
| rio Ganges (m) | Ganges | ['gɑ:ŋəs] |

| rio Nilo (m) | Nilen | ['ni:lən] |
| rio Congo (m) | Congo | ['kʌngo] |
| rio Cubango (m) | Okavango | [ɔka'vango] |
| rio Zambeze (m) | Zambezi | [sam'bɛsi] |
| rio Limpopo (m) | Limpopo | [li:mpopo] |
| rio Mississippi (m) | Mississippi | ['misisi:pi] |

## 83. Floresta

| floresta (f), bosque (m) | skov (f) | ['skɒwˀ] |
| florestal (adj) | skov- | ['skɒw-] |

| mata (f) fechada | tæt skov (f) | ['tɛt ˌskɒwˀ] |
| arvoredo (m) | lund (f) | ['lɔnˀ] |
| clareira (f) | lysning (f) | ['lysneŋ] |

| matagal (m) | tæt krat (i) | ['tɛt 'kʁat] |
| mato (m), caatinga (f) | buskads (i) | [bu'skæˀs] |

| pequena trilha (f) | sti (f) | ['stiˀ] |
| ravina (f) | ravine (f) | [ʁɑ'vi:nə] |
| árvore (f) | træ (i) | ['tʁɛˀ] |
| folha (f) | blad (i) | ['blað] |

| folhagem (f) | løv (i) | ['lø²w] |
| queda (f) das folhas | løvfald (i) | ['løw₁fal²] |
| cair (vi) | at falde | [ʌ 'falə] |
| topo (m) | trætop (f) | ['tʁɛ₁tʌp] |

| ramo (m) | kvist (f) | ['kvest] |
| galho (m) | gren (f) | ['gʁɛ²n] |
| botão (m) | knop (f) | ['knɔp] |
| agulha (f) | nål (f) | ['nɔ²l] |
| pinha (f) | kogle (f) | ['kɒwlə] |

| buraco (m) de árvore | træhul (i) | ['tʁɛ₁hɔl] |
| ninho (m) | rede (f) | ['ʁɛ:ðə] |
| toca (f) | hule (f) | ['hu:lə] |

| tronco (m) | stamme (f) | ['stɑmə] |
| raiz (f) | rod (f) | ['ʁo²ð] |
| casca (f) de árvore | bark (f) | ['bɑ:k] |
| musgo (m) | mos (i) | ['mɔs] |

| arrancar pela raiz | at rykke op med rode | [ʌ 'ʁœkə ʌp mɛ 'ʁo:ðə] |
| cortar (vt) | at fælde | [ʌ 'fɛlə] |
| desflorestar (vt) | at hugge ned | [ʌ 'hɔgə 'neð²] |
| toco, cepo (m) | træstub (f) | ['tʁɛ₁stub] |

| fogueira (f) | bål (i) | ['bɔ²l] |
| incêndio (m) florestal | skovbrand (f) | ['skɒw₁bʁɑn²] |
| apagar (vt) | at slukke | [ʌ 'slɔkə] |

| guarda-parque (m) | skovløber (f) | ['skɒw₁lø:bʌ] |
| proteção (f) | værn (i), beskyttelse (f) | ['væɐ²n], [be'skøtəlsə] |
| proteger (a natureza) | at beskytte | [ʌ be'skøtə] |
| caçador (m) furtivo | krybskytte (f) | ['kʁyb₁skøtə] |
| armadilha (f) | saks (f), fælde (f) | ['saks], ['fɛlə] |

| colher (cogumelos, bagas) | at plukke | [ʌ 'plɔkə] |
| perder-se (vr) | at fare vild | [ʌ 'fɑ:ɑ 'vil²] |

## 84. Recursos naturais

| recursos (m pl) naturais | naturressourcer (f pl) | [na'tuɐ ʁɛ'suɐsʌ] |
| minerais (m pl) | mineraler (i pl) | [minə'ʁɑ²lʌ] |
| depósitos (m pl) | forekomster (f pl) | ['fɔ:ɒ₁kʌm²stʌ] |
| jazida (f) | felt (i) | ['fɛl²t] |

| extrair (vt) | at udvinde | [ʌ 'uð₁ven²ə] |
| extração (f) | udvinding (f) | ['uð₁venen] |
| minério (m) | malm (f) | ['mal²m] |
| mina (f) | mine (f) | ['mi:nə] |
| poço (m) de mina | mineskakt (f) | ['minə₁skɑkt] |
| mineiro (m) | minearbejder (f) | ['mi:nə'ɑ:₁bɑj²dʌ] |

| gás (m) | gas (f) | ['gas] |
| gasoduto (m) | gasledning (f) | ['gas₁leðnen] |

| | | |
|---|---|---|
| petróleo (m) | olie (f) | ['oljə] |
| oleoduto (m) | olieledning (f) | ['oljəˌleðnen] |
| poço (m) de petróleo | oliebrønd (f) | ['oljəˌbʁɶnʔ] |
| torre (f) petrolífera | boretårn (i) | ['boːʌˌtɒʔn] |
| petroleiro (m) | tankskib (i) | ['tɑŋkˌskiʔb] |

| | | |
|---|---|---|
| areia (f) | sand (i) | ['sanʔ] |
| calcário (m) | kalksten (f) | ['kalkˌsteʔn] |
| cascalho (m) | grus (i) | ['gʁuʔs] |
| turfa (f) | tørv (f) | ['tɶɐ̯ʔw] |
| argila (f) | ler (i) | ['leʔɐ̯] |
| carvão (m) | kul (i) | ['kɔl] |

| | | |
|---|---|---|
| ferro (m) | jern (i) | ['jæɐ̯ʔn] |
| ouro (m) | guld (i) | ['gul] |
| prata (f) | sølv (i) | ['søl] |
| níquel (m) | nikkel (i) | ['nekəl] |
| cobre (m) | kobber (i) | ['kɒwʔʌ] |

| | | |
|---|---|---|
| zinco (m) | zink (i, f) | ['seŋʔk] |
| manganês (m) | mangan (i) | [mɑŋ'gæʔn] |
| mercúrio (m) | kviksølv (i) | ['kvikˌsøl] |
| chumbo (m) | bly (i) | ['blyʔ] |

| | | |
|---|---|---|
| mineral (m) | mineral (i) | [minə'ʁɑʔl] |
| cristal (m) | krystal (i, f) | [kʁy'stalʔ] |
| mármore (m) | marmor (i) | ['mɑʔmoɐ̯] |
| urânio (m) | uran (i, f) | [u'ʁɑʔn] |

## 85. Tempo

| | | |
|---|---|---|
| tempo (m) | vejr (i) | ['vɛʔɐ̯] |
| previsão (f) do tempo | vejrudsigt (f) | ['vɛɐ̯ˌuðsegt] |
| temperatura (f) | temperatur (f) | [tɛmpʁɑ'tuɐ̯ʔ] |
| termômetro (m) | termometer (i) | [tæɐ̯mo'meʔtʌ] |
| barômetro (m) | barometer (i) | [bɑo'meʔtʌ] |

| | | |
|---|---|---|
| úmido (adj) | fugtig | ['fɔgti] |
| umidade (f) | fugtighed (f) | ['fɔgtiˌheð'] |
| calor (m) | hede (f) | ['heːðə] |
| tórrido (adj) | hed | ['heðʔ] |
| está muito calor | det er hedt | [de 'æɐ̯ 'heðʔ] |

| | | |
|---|---|---|
| está calor | det er varmt | [de 'æɐ̯ 'vɑʔmt] |
| quente (morno) | varm | ['vɑʔm] |

| | | |
|---|---|---|
| está frio | det er koldt | [de 'æɐ̯ 'kʌlt] |
| frio (adj) | kold | ['kʌlʔ] |

| | | |
|---|---|---|
| sol (m) | sol (f) | ['soʔl] |
| brilhar (vi) | at skinne | [ʌ 'skenə] |
| de sol, ensolarado | solrig | ['soːlˌʁiʔ] |
| nascer (vi) | at stå op | [ʌ stɔʔ 'ʌp] |
| pôr-se (vr) | at gå ned | [ʌ gɔʔ 'neðʔ] |

| | | |
|---|---|---|
| nuvem (f) | sky (f) | ['sky'] |
| nublado (adj) | skyet | ['sky:əð] |
| nuvem (f) preta | regnsky (f) | ['ʁɑjnˌsky'] |
| escuro, cinzento (adj) | mørk | ['mœ̞k] |

| | | |
|---|---|---|
| chuva (f) | regn (f) | ['ʁɑj'n] |
| está a chover | det regner | [de 'ʁɑjnʌ] |
| chuvoso (adj) | regnvejrs- | ['ʁɑjnˌvɛ̞s-] |
| chuviscar (vi) | at småregne | [ʌ 'smɒʁɑjnə] |

| | | |
|---|---|---|
| chuva (f) torrencial | øsende regn (f) | ['ø:sənə ˌʁɑj'n] |
| aguaceiro (m) | styrtregn (f) | ['sty̞tˌʁɑj'n] |
| forte (chuva, etc.) | kraftig, heftig | ['kʁɑfti], ['hɛfti] |
| poça (f) | vandpyt (f) | ['vanˌpyt] |
| molhar-se (vr) | at blive våd | [ʌ 'bli:ə 'vɔ'ð] |

| | | |
|---|---|---|
| nevoeiro (m) | tåge (f) | ['tɔ:wə] |
| de nevoeiro | tåget | ['tɔ:wəð] |
| neve (f) | sne (f) | ['sne'] |
| está nevando | det sner | [de 'sne'ʌ] |

## 86. Tempo extremo. Catástrofes naturais

| | | |
|---|---|---|
| trovoada (f) | tordenvejr (i) | ['toɡdənˌvɛ'ɡ] |
| relâmpago (m) | lyn (i) | ['ly'n] |
| relampejar (vi) | at glimte | [ʌ 'glemtə] |

| | | |
|---|---|---|
| trovão (m) | torden (f) | ['toɡdən] |
| trovejar (vi) | at tordne | [ʌ 'toɡdnə] |
| está trovejando | det tordner | [de 'toɡdnʌ] |

| | | |
|---|---|---|
| granizo (m) | hagl (i) | ['hɑw'l] |
| está caindo granizo | det hagler | [de 'hɑwlɡ] |

| | | |
|---|---|---|
| inundar (vt) | at oversvømme | [ʌ 'ɒwʌˌsvœm'ə] |
| inundação (f) | oversvømmelse (f) | ['ɒwʌˌsvœm'əlsə] |

| | | |
|---|---|---|
| terremoto (m) | jordskælv (i) | ['joɡˌskɛl'v] |
| abalo, tremor (m) | skælv (i) | ['skɛl'v] |
| epicentro (m) | epicenter (i) | [epi'sɛn'tʌ] |

| | | |
|---|---|---|
| erupção (f) | udbrud (i) | ['uðˌbʁuð] |
| lava (f) | lava (f) | ['læ:va] |

| | | |
|---|---|---|
| tornado (m) | skypumpe (f) | ['skyˌpompə] |
| tornado (m) | tornado (f) | [tɒ'næ:do] |
| tufão (m) | tyfon (f) | [ty'fo'n] |

| | | |
|---|---|---|
| furacão (m) | orkan (f) | [ɒ'kæ'n] |
| tempestade (f) | storm (f) | ['stɒ'm] |
| tsunami (m) | tsunami (f) | [tsu'nɑ:mi] |

| | | |
|---|---|---|
| ciclone (m) | cyklon (f) | [sy'klo'n] |
| mau tempo (m) | uvejr (i) | ['uˌvɛ'ɡ] |

| incêndio (m) | brand (f) | ['bʁɑnˀ] |
| catástrofe (f) | katastrofe (f) | [kata'stʁo:fə] |
| meteorito (m) | meteorit (f) | [meteo'ʁit] |

| avalanche (f) | lavine (f) | [la'vi:nə] |
| deslizamento (m) de neve | sneskred (i) | ['sne̩skʁɛð] |
| nevasca (f) | snefog (i) | ['sne̩fɔwˀ] |
| tempestade (f) de neve | snestorm (f) | ['sne̩stɔˀm] |

# FAUNA

## 87. Mamíferos. Predadores

| | | |
|---|---|---|
| predador (m) | rovdyr (i) | ['ʁɒwˌdyɐ̯ˀ] |
| tigre (m) | tiger (f) | ['tiːʌ] |
| leão (m) | løve (f) | ['løːvə] |
| lobo (m) | ulv (f) | ['ulˀv] |
| raposa (f) | ræv (f) | ['ʁɛˀw] |
| | | |
| jaguar (m) | jaguar (f) | [jaguˈɑˀ] |
| leopardo (m) | leopard (f) | [leoˈpɑˀd] |
| chita (f) | gepard (f) | [geˈpɑˀd] |
| | | |
| pantera (f) | panter (f) | ['panˀtʌ] |
| puma (m) | puma (f) | ['puːma] |
| leopardo-das-neves (m) | sneleopard (f) | ['sne leoˈpɑˀd] |
| lince (m) | los (f) | ['lʌs] |
| | | |
| coiote (m) | coyote, prærieulv (f) | [koˈjoːtə], ['pʁɛʁjəˌulˀv] |
| chacal (m) | sjakal (f) | [ɕaˈkæˀl] |
| hiena (f) | hyæne (f) | [hyˈɛːnə] |

## 88. Animais selvagens

| | | |
|---|---|---|
| animal (m) | dyr (i) | ['dyɐ̯ˀ] |
| besta (f) | bæst (i), udyr (i) | ['bɛˀst], ['uˌdyɐ̯ˀ] |
| | | |
| esquilo (m) | egern (i) | ['eˀjʌn] |
| ouriço (m) | pindsvin (i) | ['penˌsviˀn] |
| lebre (f) | hare (f) | ['hɑːɑ] |
| coelho (m) | kanin (f) | [kaˈniˀn] |
| | | |
| texugo (m) | grævling (f) | ['gʁawleŋ] |
| guaxinim (m) | vaskebjørn (f) | ['vaskəˌbjœɐ̯ˀn] |
| hamster (m) | hamster (f) | ['hɑmˀstʌ] |
| marmota (f) | murmeldyr (i) | ['muɐ̯ˌməlˌdyɐ̯ˀ] |
| | | |
| toupeira (f) | muldvarp (f) | ['mulˌvɑːp] |
| rato (m) | mus (f) | ['muˀs] |
| ratazana (f) | rotte (f) | ['ʁʌtə] |
| morcego (m) | flagermus (f) | ['flɑwʌˌmuˀs] |
| | | |
| arminho (m) | hermelin (f) | [hæɐ̯məˈliˀn] |
| zibelina (f) | zobel (f) | ['soˀbəl] |
| marta (f) | mår (f) | ['mɒˀ] |
| doninha (f) | brud (f) | ['bʁuð] |
| visom (m) | mink (f) | ['meŋˀk] |

| castor (m) | bæver (f) | ['bɛ'vʌ] |
| lontra (f) | odder (f) | ['ʌð'ʌ] |

| cavalo (m) | hest (f) | ['hɛst] |
| alce (m) | elg (f) | ['ɛl'j] |
| veado (m) | hjort (f) | ['jɔːt] |
| camelo (m) | kamel (f) | [ka'me'l] |

| bisão (m) | bison (f) | ['bisʌn] |
| auroque (m) | urokse (f) | ['uɡ̊ʌksə] |
| búfalo (m) | bøffel (f) | ['bøfəl] |

| zebra (f) | zebra (f) | ['se:bʁɑ] |
| antílope (m) | antilope (f) | [anti'lo:pə] |
| corça (f) | rådyr (i), rå (f) | ['ʁʌˌdyɡ̊'], ['ʁɔ'] |
| gamo (m) | dådyr (i) | ['dʌˌdyɡ̊'] |
| camurça (f) | gemse (f) | ['gɛmsə] |
| javali (m) | vildsvin (i) | ['vilˌsvi'n] |

| baleia (f) | hval (f) | ['væ'l] |
| foca (f) | sæl (f) | ['sɛ'l] |
| morsa (f) | hvalros (f) | ['valˌʁʌs] |
| urso-marinho (m) | pelssæl (f) | ['pɛlsˌsɛ'l] |
| golfinho (m) | delfin (f) | [dɛl'fi'n] |

| urso (m) | bjørn (f) | ['bjœɡ̊'n] |
| urso (m) polar | isbjørn (f) | ['isˌbjœɡ̊'n] |
| panda (m) | panda (f) | ['panda] |

| macaco (m) | abe (f) | ['æ:bə] |
| chimpanzé (m) | chimpanse (f) | [ɕim'pansə] |
| orangotango (m) | orangutang (f) | [o'ʁɑŋguˌtɑŋ'] |
| gorila (m) | gorilla (f) | [go'ʁila] |
| macaco (m) | makak (f) | [mæ'kɑk] |
| gibão (m) | gibbon (f) | ['gibʌn] |

| elefante (m) | elefant (f) | [elə'fan't] |
| rinoceronte (m) | næsehorn (i) | ['nɛ:səˌhoɡ̊'n] |
| girafa (f) | giraf (f) | [gi'ʁɑf] |
| hipopótamo (m) | flodhest (f) | ['floðˌhɛst] |

| canguru (m) | kænguru (f) | [kɛŋgu:ʁu] |
| coala (m) | koala (f) | [ko'æ:la] |

| mangusto (m) | mangust (f) | [mɑŋ'gust] |
| chinchila (f) | chinchilla (f) | [tjen'tjila] |
| cangambá (f) | skunk (f) | ['skɔŋ'k] |
| porco-espinho (m) | hulepindsvin (i) | ['hu:lə 'penˌsvi'n] |

## 89. Animais domésticos

| gata (f) | kat (f) | ['kat] |
| gato (m) macho | hankat (f) | ['hanˌkat] |
| cão (m) | hund (f) | ['hun'] |

| | | |
|---|---|---|
| cavalo (m) | hest (f) | ['hɛst] |
| garanhão (m) | hingst (f) | ['heŋ'st] |
| égua (f) | hoppe (f) | ['hʌpə] |
| vaca (f) | ko (f) | ['ko'] |
| touro (m) | tyr (f) | ['tyɐ̯'] |
| boi (m) | okse (f) | ['ʌksə] |
| ovelha (f) | får (i) | ['fɑ:] |
| carneiro (m) | vædder (f) | ['vɛð'ʌ] |
| cabra (f) | ged (f) | ['geð'] |
| bode (m) | gedebuk (f) | ['ge:ðə,bɔk] |
| burro (m) | æsel (i) | ['ɛ'səl] |
| mula (f) | muldyr (i) | ['mul,dyɐ̯'] |
| porco (m) | svin (i) | ['svi'n] |
| leitão (m) | gris (f) | ['gʁi's] |
| coelho (m) | kanin (f) | [ka'ni'n] |
| galinha (f) | høne (f) | ['hœ:nə] |
| galo (m) | hane (f) | ['hæ:nə] |
| pata (f), pato (m) | and (f) | ['an'] |
| pato (m) | andrik (f) | ['an'dʁɛk] |
| ganso (m) | gås (f) | ['gɔ's] |
| peru (m) | kalkun hane (f) | [kal'ku'n 'hæ:nə] |
| perua (f) | kalkun (f) | [kal'ku'n] |
| animais (m pl) domésticos | husdyr (i pl) | ['hus,dyɐ̯'] |
| domesticado (adj) | tam | ['tɑm'] |
| domesticar (vt) | at tæmme | [ʌ 'tɛmə] |
| criar (vt) | at avle, at opdrætte | [ʌ 'awlə], [ʌ 'ʌp,dʁatə] |
| fazenda (f) | farm (f) | ['fɑ'm] |
| aves (f pl) domésticas | fjerkræ (i) | ['fjeɐ̯,kʁɛ'] |
| gado (m) | kvæg (i) | ['kvɛ'j] |
| rebanho (m), manada (f) | hjord (f) | ['jɔ'd] |
| estábulo (m) | stald (f) | ['stal'] |
| chiqueiro (m) | svinesti (f) | ['svinə,sti'] |
| estábulo (m) | kostald (f) | ['ko,stal'] |
| coelheira (f) | kaninbur (i) | [ka'nin,buɐ̯'] |
| galinheiro (m) | hønsehus (i) | ['hœnsə,hu's] |

## 90. Pássaros

| | | |
|---|---|---|
| pássaro (m), ave (f) | fugl (f) | ['fu'l] |
| pombo (m) | due (f) | ['du:ə] |
| pardal (m) | spurv (f) | ['spuɐ̯'w] |
| chapim-real (m) | musvit (f) | [mu'svit] |
| pega-rabuda (f) | skade (f) | ['skæ:ðə] |
| corvo (m) | ravn (f) | ['ʁaw'n] |

| gralha-cinzenta (f) | krage (f) | ['kʁɑ:wə] |
| gralha-de-nuca-cinzenta (f) | kaie (f) | ['kajə] |
| gralha-calva (f) | råge (f) | ['ʁɔ:wə] |

| pato (m) | and (f) | ['anˀ] |
| ganso (m) | gås (f) | ['gɔˀs] |
| faisão (m) | fasan (f) | [fa'sæˀn] |

| águia (f) | ørn (f) | ['œɐ̯ˀn] |
| açor (m) | høg (f) | ['høˀj] |
| falcão (m) | falk (f) | ['falˀk] |
| abutre (m) | grib (f) | ['gʁi:b] |
| condor (m) | kondor (f) | [kʌn'doˀɐ̯] |

| cisne (m) | svane (f) | ['svæ:nə] |
| grou (m) | trane (f) | ['tʁɑ:nə] |
| cegonha (f) | stork (f) | ['stɒ:k] |

| papagaio (m) | papegøje (f) | [papə'gʌjə] |
| beija-flor (m) | kolibri (f) | [koli'bʁiˀ] |
| pavão (m) | påfugl (f) | ['pʌˌfuˀl] |

| avestruz (m) | struds (f) | ['stʁus] |
| garça (f) | hejre (f) | ['hajʁʌ] |
| flamingo (m) | flamingo (f) | [fla'meŋgo] |
| pelicano (m) | pelikan (f) | [peli'kæˀn] |

| rouxinol (m) | nattergal (f) | ['natʌˌgæˀl] |
| andorinha (f) | svale (f) | ['svæ:lə] |

| tordo-zornal (m) | drossel, sjagger (f) | ['dʁʌsəl], ['ɕagʌ] |
| tordo-músico (m) | sangdrossel (f) | ['saŋˌdʁʌsəl] |
| melro-preto (m) | solsort (f) | ['so:lˌsoɐ̯t] |

| andorinhão (m) | mursejler (f) | ['muɐ̯ˌsajlʌ] |
| cotovia (f) | lærke (f) | ['læɐ̯kə] |
| codorna (f) | vagtel (f) | ['vagtəl] |

| pica-pau (m) | spætte (f) | ['spɛtə] |
| cuco (m) | gøg (f) | ['gøˀj] |
| coruja (f) | ugle (f) | ['u:lə] |
| bufo-real (m) | hornugle (f) | ['hoɐ̯nˌu:lə] |
| tetraz-grande (m) | tjur (f) | ['tjuɐ̯ˀ] |
| tetraz-lira (m) | urfugl (f) | ['uɐ̯ˌfuˀl] |
| perdiz-cinzenta (f) | agerhøne (f) | ['æˀjʌˌhœ:nə] |

| estorninho (m) | stær (f) | ['stɛˀɐ̯] |
| canário (m) | kanariefugl (f) | [ka'nɑˀjeˌfuˀl] |
| galinha-do-mato (f) | hjerpe, jærpe (f) | ['jæɐ̯pə] |

| tentilhão (m) | bogfinke (f) | ['bɔwˌfeŋkə] |
| dom-fafe (m) | dompap (f) | ['dɔmˌpap] |

| gaivota (f) | måge (f) | ['mɔ:wə] |
| albatroz (m) | albatros (f) | ['albaˌtʁʌs] |
| pinguim (m) | pingvin (f) | [peŋ'viˀn] |

## 91. Peixes. Animais marinhos

| | | |
|---|---|---|
| brema (f) | brasen (f) | ['bʁɑˀsən] |
| carpa (f) | karpe (f) | ['kɑːpə] |
| perca (f) | aborre (f) | ['ɑˌbɒːɒ] |
| siluro (m) | malle (f) | ['malə] |
| lúcio (m) | gedde (f) | ['geðə] |
| | | |
| salmão (m) | laks (f) | ['lɑks] |
| esturjão (m) | stør (f) | ['støˀɐ̯] |
| | | |
| arenque (m) | sild (f) | ['silˀ] |
| salmão (m) do Atlântico | atlantisk laks (f) | [atˈlanˀtisk 'lɑks] |
| cavala, sarda (f) | makrel (f) | [mɑˈkʁalˀ] |
| solha (f), linguado (m) | rødspætte (f) | ['ʁœðˌspɛtə] |
| | | |
| lúcio perca (m) | sandart (f) | ['sanˌɑˀt] |
| bacalhau (m) | torsk (f) | ['tɒːsk] |
| atum (m) | tunfisk (f) | ['tuːnˌfesk] |
| truta (f) | ørred (f) | ['œɐ̯ʌð] |
| | | |
| enguia (f) | ål (f) | ['ɔˀl] |
| raia (f) elétrica | elektrisk rokke (f) | [eˈlɛktʁisk 'ʁʌkə] |
| moreia (f) | muræne (f) | [muˈʁɛːnə] |
| piranha (f) | piraya (f) | [piˈʁaja] |
| | | |
| tubarão (m) | haj (f) | ['hajˀ] |
| golfinho (m) | delfin (f) | [dɛlˈfiˀn] |
| baleia (f) | hval (f) | ['væˀl] |
| | | |
| caranguejo (m) | krabbe (f) | ['kʁabə] |
| água-viva (f) | gople, meduse (f) | ['gʌplə], [meˈduːsə] |
| polvo (m) | blæksprutte (f) | ['blɛkˌspʁutə] |
| | | |
| estrela-do-mar (f) | søstjerne (f) | ['søˌstjæɐ̯nə] |
| ouriço-do-mar (m) | søpindsvin (i) | ['sø 'penˌsviˀn] |
| cavalo-marinho (m) | søhest (f) | ['søˌhɛst] |
| | | |
| ostra (f) | østers (f) | ['østʌs] |
| camarão (m) | reje (f) | ['ʁajə] |
| lagosta (f) | hummer (f) | ['hɔmˀʌ] |
| lagosta (f) | languster (f) | [laŋˈgustʌ] |

## 92. Anfíbios. Répteis

| | | |
|---|---|---|
| cobra (f) | slange (f) | ['slaŋə] |
| venenoso (adj) | giftig | ['gifti] |
| | | |
| víbora (f) | hugorm (f) | ['hɔgˌɒ̯ɐ̯ˀm] |
| naja (f) | kobra (f) | ['koːbʁɑ] |
| píton (m) | pyton (f) | ['pytʌn] |
| jiboia (f) | boa (f) | ['boːa] |
| cobra-de-água (f) | snog (f) | ['snoˀ] |

| cascavel (f) | klapperslange (f) | ['klɑpʌˌslɑŋə] |
| anaconda (f) | anakonda (f) | [ana'kʌnda] |

| lagarto (m) | firben (i) | ['fiɡ'beˀn] |
| iguana (f) | leguan (f) | [legu'æˀn] |
| varano (m) | varan (f) | [vɑ'ʁɑˀn] |
| salamandra (f) | salamander (f) | [sala'manˀdʌ] |
| camaleão (m) | kamæleon (f) | [kaməle'oˀn] |
| escorpião (m) | skorpion (f) | [skɒpi'oˀn] |

| tartaruga (f) | skildpadde (f) | ['skelˌpaðə] |
| rã (f) | frø (f) | ['fʁœˀ] |
| sapo (m) | tudse (f) | ['tusə] |
| crocodilo (m) | krokodille (f) | [kʁokə'dilə] |

## 93. Insetos

| inseto (m) | insekt (i) | [en'sɛkt] |
| borboleta (f) | sommerfugl (f) | ['sʌmʌˌfuˀl] |
| formiga (f) | myre (f) | ['my:ʌ] |
| mosca (f) | flue (f) | ['flu:ə] |
| mosquito (m) | stikmyg (f) | ['stekˌmyg] |
| escaravelho (m) | bille (f) | ['bilə] |

| vespa (f) | hveps (f) | ['vɛps] |
| abelha (f) | bi (f) | ['biˀ] |
| mamangaba (f) | humlebi (f) | ['hɔmləˌbiˀ] |
| moscardo (m) | bremse (f) | ['bʁamsə] |

| aranha (f) | edderkop (f) | ['ɛðˀʌˌkʌp] |
| teia (f) de aranha | edderkoppespind (i) | ['ɛðˀʌkʌpəˌsbenˀ] |

| libélula (f) | guldsmed (f) | ['gulˌsmeð] |
| gafanhoto (m) | græshoppe (f) | ['gʁasˌhʌpə] |
| traça (f) | natsværmer (f) | ['natˌsvæɡ'mʌ] |

| barata (f) | kakerlak (f) | [kɑkʌ'lak] |
| carrapato (m) | flåt, mide (f) | ['flɔˀt], ['mi:ðə] |
| pulga (f) | loppe (f) | ['lʌpə] |
| borrachudo (m) | kvægmyg (f) | ['kvɛjˌmyg] |

| gafanhoto (m) | vandregræshoppe (f) | ['vandʁʌ 'gʁasˌhʌpə] |
| caracol (m) | snegl (m) | ['snɑjˀl] |
| grilo (m) | fårekylling (f) | ['fɒːˌkyleŋ] |
| pirilampo, vaga-lume (m) | ildflue (f) | ['ilflu:ə] |
| joaninha (f) | mariehøne (f) | [mɑ'ʁiˀəˌhœ:nə] |
| besouro (m) | oldenborre (f) | ['ʌlənˌbɒːɒ] |

| sanguessuga (f) | igle (f) | ['i:lə] |
| lagarta (f) | sommerfuglelarve (f) | ['sʌmʌˌfu:lə 'lɑ:və] |
| minhoca (f) | regnorm (f) | ['ʁɑjnˌɒɡˀm] |
| larva (f) | larve (f) | ['lɑ:və] |

# FLORA

## 94. Árvores

| | | |
|---|---|---|
| árvore (f) | træ (i) | ['tʁɛ'] |
| decídua (adj) | løv- | ['løw-] |
| conífera (adj) | nåle- | ['nɔlə-] |
| perene (adj) | stedsegrønt, eviggrønt | ['stɛðsə‚gʁœn't], ['eːvi‚gʁœn't] |

| | | |
|---|---|---|
| macieira (f) | æbletræ (i) | ['ɛ'blə‚tʁɛ'] |
| pereira (f) | pæretræ (i) | ['pɛʌ‚tʁɛ'] |
| cerejeira (f) | moreltræ (i) | [mo'ʁal‚tʁɛ'] |
| ginjeira (f) | kirsebærtræ (i) | ['kiɐ̯səbæɡ‚tʁɛ'] |
| ameixeira (f) | blommetræ (i) | ['blʌmə‚tʁɛ'] |

| | | |
|---|---|---|
| bétula (f) | birk (f) | ['biɐ̯k] |
| carvalho (m) | eg (f) | ['e'j] |
| tília (f) | lind (f) | ['len'] |
| choupo-tremedor (m) | asp (f) | ['asp] |
| bordo (m) | løn (f), ahorn (f) | ['lœn'], ['a‚hoɡ'n] |
| espruce (m) | gran (f) | ['gʁɑn] |
| pinheiro (m) | fyr (f) | ['fyɡ'] |
| alerce, lariço (m) | lærk (f) | ['læɡk] |
| abeto (m) | ædelgran (f) | ['ɛ'ðəl‚gʁɑn] |
| cedro (m) | ceder (f) | ['seːðʌ] |

| | | |
|---|---|---|
| choupo, álamo (m) | poppel (f) | ['pʌpəl] |
| tramazeira (f) | røn (f) | ['ʁœn'] |
| salgueiro (m) | pil (f) | ['pi'l] |
| amieiro (m) | el (f) | ['ɛl] |
| faia (f) | bøg (f) | ['bø'j] |
| ulmeiro, olmo (m) | elm (f) | ['ɛl'm] |
| freixo (m) | ask (f) | ['ask] |
| castanheiro (m) | kastanie (i) | [ka'stanjə] |

| | | |
|---|---|---|
| magnólia (f) | magnolie (f) | [mɑw'no'ljə] |
| palmeira (f) | palme (f) | ['palmə] |
| cipreste (m) | cypres (f) | [sy'pʁas] |

| | | |
|---|---|---|
| mangue (m) | mangrove (f) | [mɑŋ'gʁoːvə] |
| embondeiro, baobá (m) | baobabtræ (i) | [bɑo'bab‚tʁɛ'] |
| eucalipto (m) | eukalyptus (f) | [œwka'lyptus] |
| sequoia (f) | sequoia (f), rødtræ (i) | [sek'wojə], ['ʁœð‚tʁɛ'] |

## 95. Arbustos

| | | |
|---|---|---|
| arbusto (m) | busk (f) | ['busk] |
| arbusto (m), moita (f) | buskads (i) | [bu'skæ's] |

| | | |
|---|---|---|
| videira (f) | vinranke (f) | ['viːnˌʁɑŋkə] |
| vinhedo (m) | vingård (f) | ['viːnˌgɒ'] |
| | | |
| framboeseira (f) | hindbærbusk (f) | ['henbæɐ̯ˌbusk] |
| groselheira-negra (f) | solbærbusk (f) | ['soːlbæɐ̯ˌbusk] |
| groselheira-vermelha (f) | ribsbusk (f) | ['ʁɛbsˌbusk] |
| groselheira (f) espinhosa | stikkelsbær (i) | ['stekəlsˌbæɐ̯] |
| | | |
| acácia (f) | akacie (f) | [a'kæˀɕə] |
| bérberis (f) | berberis (f) | ['bæɐ̯ˀbʌʁis] |
| jasmim (m) | jasmin (f) | [ɕas'miˀn] |
| | | |
| junípero (m) | ene (f) | ['eːnə] |
| roseira (f) | rosenbusk (f) | ['ʁoːsənˌbusk] |
| roseira (f) brava | Hunde-Rose (f) | ['hunə-'ʁoːsə] |

## 96. Frutos. Bagas

| | | |
|---|---|---|
| fruta (f) | frugt (f) | ['fʁɔgt] |
| frutas (f pl) | frugter (f pl) | ['fʁɔgtʌ] |
| maçã (f) | æble (i) | ['ɛˀblə] |
| pera (f) | pære (f) | ['pɛˀʌ] |
| ameixa (f) | blomme (f) | ['blʌmə] |
| | | |
| morango (m) | jordbær (i) | ['joɐ̯ˌbæɐ̯] |
| ginja (f) | kirsebær (i) | ['kiɐ̯səˌbæɐ̯] |
| cereja (f) | morel (f) | [mo'ʁalˀ] |
| uva (f) | drue (f) | ['dʁuːə] |
| | | |
| framboesa (f) | hindbær (i) | ['henˌbæɐ̯] |
| groselha (f) negra | solbær (i) | ['soːlˌbæɐ̯] |
| groselha (f) vermelha | ribs (i, f) | ['ʁɛbs] |
| groselha (f) espinhosa | stikkelsbær (i) | ['stekəlsˌbæɐ̯] |
| oxicoco (m) | tranebær (i) | ['tʁɑːnəˌbæɐ̯] |
| | | |
| laranja (f) | appelsin (f) | [ɑpəl'siˀn] |
| tangerina (f) | mandarin (f) | [mandɑ'ʁiˀn] |
| abacaxi (m) | ananas (f) | ['ananas] |
| | | |
| banana (f) | banan (f) | [ba'næˀn] |
| tâmara (f) | daddel (f) | ['dɑðˀəl] |
| | | |
| limão (m) | citron (f) | [si'tʁoˀn] |
| damasco (m) | abrikos (f) | [ɑbʁi'koˀs] |
| pêssego (m) | fersken (f) | ['fæɐ̯skən] |
| | | |
| quiuí (m) | kiwi (f) | ['kiːvi] |
| toranja (f) | grapefrugt (f) | ['gʁɛjpˌfʁɔgt] |
| | | |
| baga (f) | bær (i) | ['bæɐ̯] |
| bagas (f pl) | bær (i pl) | ['bæɐ̯] |
| arando (m) vermelho | tyttebær (i) | ['tytəˌbæɐ̯] |
| morango-silvestre (m) | skovjordbær (i) | ['skɒw 'joɐ̯ˌbæɐ̯] |
| mirtilo (m) | blåbær (i) | ['blɔˀˌbæɐ̯] |

## 97. Flores. Plantas

| | | |
|---|---|---|
| flor (f) | blomst (f) | ['blʌm'st] |
| buquê (m) de flores | buket (f) | [bu'kɛt] |
| | | |
| rosa (f) | rose (f) | ['ʁo:sə] |
| tulipa (f) | tulipan (f) | [tuli'pæ'n] |
| cravo (m) | nellike (f) | ['nel'ekə] |
| gladíolo (m) | gladiolus (f) | [gladi'o:lus] |
| | | |
| centáurea (f) | kornblomst (f) | ['koɐ̯n‚blʌm'st] |
| campainha (f) | blåklokke (f) | ['blʌ‚klʌkə] |
| dente-de-leão (m) | mælkebøtte, løvetand (f) | ['mɛlkə‚bøtə], ['lø:və‚tan'] |
| camomila (f) | kamille (f) | [ka'milə] |
| | | |
| aloé (m) | aloe (f) | ['æ'lo‚e'] |
| cacto (m) | kaktus (f) | ['kɑktus] |
| fícus (m) | ficus, stuebirk (f) | ['fikus], ['stu:ə‚biɐ̯k] |
| | | |
| lírio (m) | lilje (f) | ['liljə] |
| gerânio (m) | geranie (f) | [ge'ʁɑ'njə] |
| jacinto (m) | hyacint (f) | [hya'sen't] |
| | | |
| mimosa (f) | mimose (f) | [mi'mo:sə] |
| narciso (m) | narcis (f) | [nɑ'si:s] |
| capuchinha (f) | blomsterkarse (f) | ['blʌm'stʌ‚ka:sə] |
| | | |
| orquídea (f) | orkide, orkidé (f) | [ɒki'de'] |
| peônia (f) | pæon (f) | [pɛ'o'n] |
| violeta (f) | viol (f) | [vi'o'l] |
| | | |
| amor-perfeito (m) | stedmoderblomst (f) | ['stɛmoɐ̯ ‚blʌm'st] |
| não-me-esqueças (m) | forglemmigej (f) | [fʌ'glɛm'mɑ‚aj'] |
| margarida (f) | tusindfryd (f) | ['tusən‚fʁyð'] |
| | | |
| papoula (f) | valmue (f) | ['val‚mu:ə] |
| cânhamo (m) | hamp (f) | ['hɑm'p] |
| hortelã, menta (f) | mynte (f) | ['møntə] |
| | | |
| lírio-do-vale (m) | liljekonval (f) | ['liljə kɔn'val'] |
| campânula-branca (f) | vintergæk (f) | ['ventʌ‚gɛk] |
| | | |
| urtiga (f) | nælde (f) | ['nɛlə] |
| azedinha (f) | syre (f) | ['sy:ʌ] |
| nenúfar (m) | åkande, nøkkerose (f) | ['ɔ'kanə], ['nøkə‚ʁo:sə] |
| samambaia (f) | bregne (f) | ['bʁɑjnə] |
| líquen (m) | lav (f) | ['lɑw] |
| | | |
| estufa (f) | drivhus (i) | ['dʁiw‚hu's] |
| gramado (m) | græsplæne (f) | ['gʁas‚plɛ:nə] |
| canteiro (m) de flores | blomsterbed (i) | ['blʌm'stʌ‚beð] |
| | | |
| planta (f) | plante (f) | ['plantə] |
| grama (f) | græs (i) | ['gʁas] |
| folha (f) de grama | græsstrå (i) | ['gʁas‚stʁɔ'] |

| folha (f) | blad (i) | ['blað] |
| pétala (f) | kronblad (i) | ['kronˌblað] |
| talo (m) | stilk (f) | ['stelˀk] |
| tubérculo (m) | rodknold (f) | ['ʁoðˌknʌlˀ] |

| broto, rebento (m) | spire (f) | ['spiːʌ] |
| espinho (m) | torn (f) | ['toɐ̯ˀn] |

| florescer (vi) | at blomstre | [ʌ 'blʌmstʁʌ] |
| murchar (vi) | at visne | [ʌ 'vesnə] |
| cheiro (m) | lugt (f) | ['logt] |
| cortar (flores) | at skære af | [ʌ 'skɛːʌ 'æˀ] |
| colher (uma flor) | at plukke | [ʌ 'plɔkə] |

## 98. Cereais, grãos

| grão (m) | korn (i) | ['koɐ̯ˀn] |
| cereais (plantas) | kornsorter (f pl) | ['koɐ̯nˌsɒːtʌ] |
| espiga (f) | aks (i) | ['ɑks] |

| trigo (m) | hvede (f) | ['veːðə] |
| centeio (m) | rug (f) | ['ʁuˀ] |
| aveia (f) | havre (f) | ['hɑwʁʌ] |
| painço (m) | hirse (f) | ['hiɐ̯sə] |
| cevada (f) | byg (f) | ['byg] |

| milho (m) | majs (f) | ['mɑjˀs] |
| arroz (m) | ris (f) | ['ʁiˀs] |
| trigo-sarraceno (m) | boghvede (f) | ['bɔwˌveːðə] |

| ervilha (f) | ært (f) | ['æɐ̯ˀt] |
| feijão (m) roxo | bønne (f) | ['bœnə] |
| soja (f) | soja (f) | ['sʌja] |
| lentilha (f) | linse (f) | ['lensə] |
| feijão (m) | bønner (f pl) | ['bœnʌ] |

# PAÍSES DO MUNDO

## 99. Países. Parte 1

| | | |
|---|---|---|
| Afeganistão (m) | Afghanistan | [ɑw'gæ'ni‚stan] |
| África (f) do Sul | Sydafrika | ['syð ‚afʁika] |
| Albânia (f) | Albanien | [al'bæ'njən] |
| Alemanha (f) | Tyskland | ['tysklan'] |
| Arábia (f) Saudita | Saudi-Arabien | ['sawdi ɑ'ʁɑ:bjən] |
| Argentina (f) | Argentina | [ɑgɛn'ti'na] |
| Armênia (f) | Armenien | [ɑ'me'njən] |
| | | |
| Austrália (f) | Australien | [ɑw'stʁɑ'ljən] |
| Áustria (f) | Østrig | ['østʁi] |
| Azerbaijão (m) | Aserbajdsjan | [asæɐ̯bɑj'djæ'n] |
| Bahamas (f pl) | Bahamas | [ba'ha'mas] |
| Bangladesh (m) | Bangladesh | [bɑngla'dɛɕ] |
| Bélgica (f) | Belgien | ['bɛl'gjən] |
| Belarus | Hviderusland | ['vi:ðə‚ʁuslan'] |
| | | |
| Bolívia (f) | Bolivia | [bo'livia] |
| Bósnia e Herzegovina (f) | Bosnien-Herzegovina | ['bosniən hæɐ̯səgo'vi:na] |
| Brasil (m) | Brasilien | [bʁɑ'siljən] |
| Bulgária (f) | Bulgarien | [bul'gɑ:iən] |
| Camboja (f) | Cambodja | [kæ:m'boða] |
| Canadá (m) | Canada | ['kanæ'da] |
| Cazaquistão (m) | Kasakhstan | [ka'sɑk‚stan] |
| Chile (m) | Chile (i) | ['tji:lə] |
| China (f) | Kina | ['ki:na] |
| Chipre (m) | Cypern | ['kypɒn] |
| Colômbia (f) | Colombia | [ko'lɔmbja] |
| Coreia (f) do Norte | Nordkorea | ['noɐ̯ ko'ʁɛ:a] |
| Coreia (f) do Sul | Sydkorea | ['syð ko'ʁɛ:a] |
| Croácia (f) | Kroatien | [kʁo'æ'tiən] |
| | | |
| Cuba (f) | Cuba | ['ku:ba] |
| Dinamarca (f) | Danmark | ['dænmɑk] |
| Egito (m) | Egypten | [ɛ'gyptən] |
| Emirados Árabes Unidos | Forenede Arabiske Emirater | [fʌ'enəðə ɑ'ʁɑ'biskə emi'ʁɑ'tʌ] |
| Equador (m) | Ecuador | [ekwa'do'ɐ̯] |
| Escócia (f) | Skotland | ['skɒtlan'] |
| | | |
| Eslováquia (f) | Slovakiet | [slova'ki:əð] |
| Eslovênia (f) | Slovenien | [slo've:njən] |
| Espanha (f) | Spanien | ['spæ'njən] |
| Estados Unidos da América | De Forenede Stater | [di fʌ'enəðə 'stæ'tʌ] |
| Estônia (f) | Estland | ['ɛstlan] |
| Finlândia (f) | Finland | ['fenlan] |
| França (f) | Frankrig | ['fʁɑŋkʁi] |

## 100. Países. Parte 2

| Gana (f) | Ghana | ['ganə] |
|---|---|---|
| Geórgia (f) | Georgien | [ge'ɒ'gjən] |
| Grã-Bretanha (f) | Storbritannien | ['stoɐ bʁiˌtaniən] |
| Grécia (f) | Grækenland | ['gʁɛːkənlanˀ] |
| Haiti (m) | Haiti | [haiti:] |
| Hungria (f) | Ungarn | ['ɔŋgaˀn] |
| Índia (f) | Indien | ['endjən] |

| Indonésia (f) | Indonesien | [endo'neːɕən] |
|---|---|---|
| Inglaterra (f) | England | ['ɛŋˀlan] |
| Irã (m) | Iran | ['iʁan] |
| Iraque (m) | Irak | ['iʁak] |
| Irlanda (f) | Irland | ['iɐlanˀ] |
| Islândia (f) | Island | ['islanˀ] |
| Israel (m) | Israel | [isʁaːəl] |

| Itália (f) | Italien | [i'tæljən] |
|---|---|---|
| Jamaica (f) | Jamaica | [ɕa'majka] |
| Japão (m) | Japan | ['jaːpæn] |
| Jordânia (f) | Jordan | ['joɐdan] |
| Kuwait (m) | Kuwait | [ku'vajt] |
| Laos (m) | Laos | ['læːɒs] |
| Letônia (f) | Letland | ['lɛtlanˀ] |

| Líbano (m) | Libanon | ['liːbanɒn] |
|---|---|---|
| Líbia (f) | Libyen | ['liːbjən] |
| Liechtenstein (m) | Liechtenstein | ['liːktənʃtajn] |
| Lituânia (f) | Litauen | ['liˌtawˀən] |
| Luxemburgo (m) | Luxembourg | ['lygsəmˌbɒː] |
| Macedônia (f) | Makedonien | [makə'doːnjən] |
| Madagascar (m) | Madagaskar | [mada'gæska] |

| Malásia (f) | Malaysia | [ma'lajɕiʌ] |
|---|---|---|
| Malta (f) | Malta | ['malta] |
| Marrocos | Marokko | [ma'roko] |
| México (m) | Mexiko | ['mɛksiko] |
| Birmânia (f) | Myanmar | [mjanmɐ] |
| Moldávia (f) | Moldova | [mʌl'doˀva] |
| Mônaco (m) | Monaco | [mo'nako] |

| Mongólia (f) | Mongoliet | [mʌŋgo'liəð] |
|---|---|---|
| Montenegro (m) | Montenegro | ['mɒntəˌnegʁə] |
| Namíbia (f) | Namibia | [na'mibia] |
| Nepal (m) | Nepal | ['nepalˀ] |
| Noruega (f) | Norge | ['nɒːw] |
| Nova Zelândia (f) | New Zealand | [nju:'siːlanˀ] |

## 101. Países. Parte 3

| Países Baixos (m pl) | Nederlandene | ['neːðʌˌlɛnnə] |
|---|---|---|
| Palestina (f) | Palæstina | [palə'stinɛnə] |

| Panamá (m) | Panama | ['panamə] |
|---|---|---|
| Paquistão (m) | Pakistan | ['pɑki̦stan] |
| Paraguai (m) | Paraguay | [pɑ:ɑg'wʌj] |
| Peru (m) | Peru | [pe'ʁu:] |
| Polinésia (f) Francesa | Fransk Polynesien | ['fʁɑn'sk poly'ne'çən] |

| Polônia (f) | Polen | ['po:læn] |
|---|---|---|
| Portugal (m) | Portugal | ['pɒ:tugəl] |
| Quênia (f) | Kenya | ['kɛnja] |
| Quirguistão (m) | Kirgisistan | [ki̦ɡ'gisi̦stan] |
| República (f) Checa | Tjekkiet | ['tjɛ̦kiəð] |
| República Dominicana | Dominikanske Republik | [domini'kæ:nskə ʁɛpu'blik] |
| Romênia (f) | Rumænien | [ʁu'mɛ'njən] |

| Rússia (f) | Rusland | ['ʁuslan'] |
|---|---|---|
| Senegal (m) | Senegal | [se:nəgæ:l] |
| Sérvia (f) | Serbien | ['sæɡ'biən] |
| Síria (f) | Syrien | ['syʁiən] |
| Suécia (f) | Sverige | ['svɛʁi'] |
| Suíça (f) | Schweiz | ['svɑjts] |
| Suriname (m) | Surinam | ['suʁi̦nam] |

| Tailândia (f) | Thailand | ['tɑjlɛn'] |
|---|---|---|
| Taiwan (m) | Taiwan | ['tɑj̦væ'n] |
| Tajiquistão (m) | Tadsjikistan | [ta'dçiki̦stan] |
| Tanzânia (f) | Tanzania | ['tansa̦niæ] |
| Tasmânia (f) | Tasmanien | [tas'mani:ən] |
| Tunísia (f) | Tunis | ['tu:nis] |
| Turquemenistão (m) | Turkmenistan | [tuɡk'me'ni̦stan] |

| Turquia (f) | Tyrkiet | [tyɡki:əð] |
|---|---|---|
| Ucrânia (f) | Ukraine | [ukʁɑ'i'nə] |
| Uruguai (m) | Uruguay | [uʁug'wɑj] |
| Uzbequistão (f) | Usbekistan | [us'beki̦stan] |
| Vaticano (m) | Vatikanstaten | ['vate̦kæ:n 'stæ'tən] |
| Venezuela (f) | Venezuela | [venəsu'e:la] |
| Vietnã (m) | Vietnam | ['vjɛtnam] |
| Zanzibar (m) | Zanzibar | ['sa:nsibɑ:] |